Vocabulário prático
de culinária internacional

Dr. Fritz Kerndter

Vocabulário prático de culinária internacional

Português · Inglês · Francês
· Italiano · Espanhol · Alemão

Tradução
Eurides Avance de Souza

SÃO PAULO 2010

Esta obra foi publicada originalmente em alemão com o título
LANGENSCHEIDT PRAXISWÖRTERBUCH INTERNATIONALE KÜCHE
por Langenscheidt KG
Copyright © 2007 by Langenscheidt Fachverlag, ein Unternehmen der
Langenscheidt KG, Berlin und München
Copyright © 2010, Editora WMF Martins Fontes Ltda.,
São Paulo, para a presente edição.

1ª edição *2010*

Tradução
EURIDES AVANCE DE SOUZA

Acompanhamento editorial
Luzia Aparecida dos Santos
Preparação do original
Luzia Aparecida dos Santos
Revisões gráficas
Luciana Veit
Márcia Leme
Edição de arte
Katia Harumi Terasaka
Produção gráfica
Geraldo Alves
Paginação
Moacir Katsumi Matsusaki

Dados Internacionais de Catalogação na Publicação (CIP)
(Câmara Brasileira do Livro, SP, Brasil)

Kerndter, Fritz
  Vocabulário prático de culinária internacional : português, inglês, francês, italiano, espanhol, alemão / Fritz Kerndter ; tradução Eurides Avance de Souza. – São Paulo : Editora WMF Martins Fontes, 2010.

  Título original: Langenscheidt Praxiswörterbuch
       internationale Küche : Deutsch Englisch,
       Französisch, Italienisch, Spanisch.
  ISBN 978-85-7827-328-6

  1. Culinária – Dicionários poliglotas 2. Culinária internacional – Dicionários poliglotas I. Título.

10-08791   CDD-641.503

Índices para catálogo sistemático:
1. Culinária : Dicionários poliglotas   641.503

Todos os direitos desta edição reservados à
Editora WMF Martins Fontes Ltda.
Rua Conselheiro Ramalho, 330 01325-000 São Paulo SP Brasil
Tel. (11) 3293.8150 Fax (11) 3101.1042
e-mail: info@wmfmartinsfontes.com.br http://www.wmfmartinsfontes.com.br

Apresentação

Nas últimas décadas, o fenômeno da globalização promoveu uma verdadeira revolução em todas as áreas do conhecimento, do comportamento e do consumo. A gastronomia, elemento fundamental da cultura de uma nação e atividade econômica geradora de riquezas, reagiu fortemente à ação deste fenômeno. A maioria dos países manteve suas tradições gastronômicas, mas não ficaram imunes aos movimentos ousados que deram origem a conceitos como *slow food* ou, mais recentemente, *fusion food*. A despeito das diferenças entre esses dois exemplos, e que não cabe aqui analisar, ambos transpuseram fronteiras e tornaram-se verdadeiras tendências seguidas em todas as partes do globo.

O Brasil não ficou de fora. Por aqui, a gastronomia e as artes culinárias são hoje matéria de muito prestígio e são temas recorrentes nas rodas informais. Aquilo que, na mentalidade conservadora oriunda da nossa herança colonial escravagista, era tido como trabalho menos valioso por ser feito com as mãos, foi alçado, na visão geral, a categoria superior. Assistimos a uma verdadeira "revolução das panelas", quando o ofício de cozinhar profissionalmente tornou-se uma atividade cercada de *glamour* que atraiu hordas de leigos para a beira do fogão. Não diferente, o hábito de comer bem, com atenção aos elementos componentes dos pratos, passou a ser visto como atividade prazerosa, muito além do ato de se alimentar.

Nos idos dos anos 90, a abertura das importações trouxe uma enorme variedade de ingredientes de além-mar para as gôndolas dos supermercados e permitiu a elaboração de receitas originais de outros países. Paralelamente, começou a se formar uma massa consumidora de *gourmets* amadores que deixaram para trás as domingueiras macarronadas com frango dos *oriundi*, os cozidos com acento lusitano e que tais, para se aventurarem a interpretar e desvendar os segredos desse mundo ilimitado da cozinha.

Seguindo a tendência mundial de fusão e difusão da gastronomia para além de fronteiras, surge este excelente *Vocabulário prático de culinária internacional*, que recebemos com grande satisfação. Ele auxilia este "novo *gourmet*" – e mesmo aqueles versados há mais tempo – a desempenhar adequadamente seu papel de consumidor da gastronomia. Onde quer que acompanhe o leitor, seja nos restaurantes das grandes comemorações, seja naquele pequeno café no exterior durante uma viagem, o *Vocabulário* inova ao abranger, em seis línguas diferentes, termos referentes a ingredientes, nomes de pratos clássicos das principais culinárias do mundo e de utensílios para auxiliar nas compras que vão enriquecer o aparato da cozinha. Inclui também expressões que ajudam na etiqueta à mesa e durante o serviço de alimentos e bebidas. A Editora WMF Martins Fontes acerta na mosca ao publicar este manual simples de sobrevivência. Os vocábulos estão em ordem alfabética, o que propicia uma consulta rápida; um interessante apêndice vai ajudar o leitor a pedir os pratos mais famosos das principais culinárias europeias. O *Vocabulário prático de culinária internacional* deve se transformar rapidamente em um bom companheiro de viagem e de compras. É perfeito para os amantes da boa mesa e um facilitador para a compreensão de cardápios e livros de culinária, além de poderoso aliado para driblar os humores de garçons mundo afora.

Boa viagem!

CELSO VIEIRA PINTO JR.

Significado dos símbolos

( ) Viktoria(see)barsch = Victoriabarsch ou Victoriaseebarsch
( ) parênteses em itálico contêm explicações

Vários equivalentes do mesmo idioma são separados por vírgula ou ponto e vírgula e, se ocuparem mais de uma linha, estas terão um recuo maior.

Abreviaturas

(AE)	inglês americano
alg	alguien [alguém]
allg.	allgemein [geral]
(Aut)	Áustria
(Bay)	Baviera
(BE)	inglês britânico
bzw.	ou
ca.	circa, zirka [cerca]
(CH)	Suíça
e.g.	for instance [por exemplo]
etw.	etwas [algo]
f	feminino
jmdn	jemanden [alguém]
m	masculino
n	neutro
pl	plural
pop	populär [popularmente]
qc	qualcoa [algo]
qn	qualcuno [alguém]
qqch	quelque chose [algo]
qqn	quelqu'un [alguém]
reg.	regional
s.	siehe [ver]
sthg	something [algo]
SüdD	Süddeutschland [sul da Alemanha]
u.a.	und andere [e outros]
v	Verb [verbo]
z.B.	zum Beispiel [por exemplo]

Português
Inglês
Francês
Italiano
Espanhol
Alemão

A

1. abacate *m*
avocado
avocat *m*
avocado *m*
aguacate *m*
Avocado *f*

2. abacaxi *m*
pineapple
ananas *m*
ananas *m*
piña *f*; ananá(s) *m*
Ananas *f*

3. abastecer *v*
supply, furnish
approvisionner, fournir
approvvigionare, fornire
abastecer, suministrar
beliefern

4. abater *v*
slaughter
abattre
macellare
matar
schlachten

5. abóbora *f*
pumpkin
courge *f (en gén.)*, potiron *m*, citrouille *f*
zucca *f*
calabaza *f*
Kürbis *m*

6. abobrinha *f*
(BE) courgettes, *(AE)* zucchini
courgette *f*
zucchina *f*, zucchino *m*
calabacín *m*
Zucchini *f*, Zucchino *m*

7. abridor *m* **de garrafas**
bottle opener
ouvre-bouteille *m*
apribottiglie *m*
abrebotellas *m*, abridor *m*
Flaschenöffner *m*

8. abridor *m* **de latas**
tin opener
ouvre-boîtes *m*
apriscatole *m*
abrelatas *m*
Dosenöffner *m*

9. abrir *v* **massa com rolo**
roll
rouler
stendere, spianare
rodar
rollen

10. açafrão *m*
saffron
safran *m*
zafferano *m*
azafrán *m*
Safran *m*

11. acelga *f*
Chinese cabbage, Chinese leaves
chou *m* chinois
cavolo *m* cinese, cavolo *m* petsai
col *f* china, col *f* de China
Chinakohl *m*

12. acelga *f* **verde-escura**
(Swiss) chard
bette *f*, blette *f*
bietola *f*
acelga *f*, bledo *m*
Mangold *m*

13. acerbo
bitter, sharp; dry *(wine)*
âcre, âpre
aspro, acre
acre, acerbo, áspero
herb

14. ácido
acid
acide
acido
ácido
sauer

15. acidulado
sour, acidic
acidulé
acidulo, asprigno
acidulado
säuerlich

16. acompanhamento *m*
side dish
accompagnement *m*, garniture *f*
contorno *m*
guarnición *f*
Beilage *f*

17. acompanhamento, com
with side dish
garni
con contorno
con guarnición
mit Beilage

18. acompanhar v
accompany
accompagner
accompagnare
acompañar
begleiten

19. aconselhar v
advise *(someone)*
conseiller qqn
consigliare qn
aconsejar *a alg*
beraten *jmdn*

20. açúcar m
sugar
sucre m
zucchero m
azúcar m(f)
Zucker m

21. açúcar-cande m
rock candy
sucre m candi
zucchero m candito
azúcar m cande
Kandiszucker m

22. açúcar m **cristal**
refined sugar crystals
sucre m cristallisé
zucchero m cristallino
azúcar m cristalizado
Kristallzucker m

23. açúcar m **de baunilha**
vanilla sugar
sucre m vanillé
zucchero m vanigliato
azúcar m aromatizado con vainilla
Vanillezucker m

24. açúcar de cana m
cane sugar
sucre m de canne
zucchero m di canna
azúcar m de caña
Rohrzucker m

25. açúcar m **de confeiteiro**
icing sugar
sucre m glace
zucchero m a velo
azúcar m en polvo, azúcar m glas
Puderzucker m

26. açúcar m **em torrões**
sugar cubes, cube sugar
sucre m en morceaux
zucchero m in zollette
azúcar m en terrones
Würfelzucker m

27. açúcar m **refinado**
refined sugar
sucre m raffiné
zucchero m raffinato, semolato
azúcar m refinado
Raffinade f

28. adega f
cellar
cave f
cantina f
sótano m; bodega f
Keller m

29. adega f **climatizada portátil**
wine storage cabinet
cave f à vin *(meuble réfrigéré)*
armadio m climatizzato *(per vini)*
armario m climatizado, armario m bodega *(para vino)*
Klimaschrank m

30. adicional
supplementary, additional
supplémentaire
aggiuntivo, supplementare
adicional, suplementario
zusätzlich

31. adicionar v
add
ajouter
aggiungere
añadir
dazugeben

32. aditivo m
additive
additif m
additivo m
aditivo m
Zusatzstoff m

33. adoçante m
sweetener
édulcorant m
dolcificante m, edulcorante m
edulcorante m
Süßstoff m

34. adoçar v
sugar, sweeten
sucrer
zuccherare
azucarar
zuckern

35. aerar v
air
aérer
aerare
airear
lüften

36. afiado
sharp
aiguisé, tranchant
affilato, tagliente
afilado, cortante
scharf

37. agrião m
watercress
cresson m (de fontaine)
nasturzio m
berro m (de agua)
Brunnenkresse f

38. agrião-da-terra m
garden cress
cresson m alénois
crescione m inglese
mastuerzo m, berro m
Gartenkresse f

39. agrião-do-seco m
cress
cresson m
crescione m
mastuerzo m
Kresse f

40. agridoce
sweet-and-sour
aigre-doux
agrodolce, dolceamaro
agridulce
süßsauer

41. agrotóxico, sem
not sprayed
non traités
non trattato
sin tratar, no tratado
ungespritzt

42. água f
water
eau f
acqua f
agua f
Wasser n

43. água f mineral com gás
sparkling water
eau f gazeuse
acqua f minerale frizzante
agua f mineral gaseosa, agua f con gas
Sprudel m, Sprudelwasser n

44. aguardar v
wait
attendre
aspettare, attendere
esperar, aguardar
warten

45. aguardente f
schnapps, spirit
alcool m blanc, eau-de-vie f
acquavite f
aguardiente m
Schnaps m

46. aguardente f de ameixa
plum brandy, plum schnapps
eau-de-vie f de quetsche, quetsche f
acquavite f di prugne
aguardiente m de ciruelas (damacenas)
Zwetschgenwasser n

47. aguardente f de framboesa
raspberry brandy
eau-de-vie f de framboise, framboise f
distillato m di lampone
aguardiente m de frambuesas
Himbeergeist m

48. aguardente f de pera
pear brandy
eau-de-vie f de poire, poire f
acquavite f di pere
aguardiente m de pera
Birnengeist m

aipo-rábano

49. aipo-rábano *m*
 celeriac
 céleri *m* rave
 sedano *m* rapa
 apio *m* nabo, apio *m* rábano
 Knollensellerie *m*

50. ajuda *f*
 help
 aide *f*
 aiuto *m*
 ayuda *f*
 Hilfe *f*

51. ajudar *v*
 help
 aider
 aiutare
 ayudar
 helfen

52. alcachofra *f*
 artichoke
 artichaut *m*
 carciofo *m*
 alcachofa *f*
 Artischocke *f*

53. alcaparras *fpl*
 capers
 câpres *fpl*
 capperi *mpl*
 alcaparras *fpl*
 Kapern *fpl*

54. álcool *m*
 alcohol
 alcool *m*
 alcool *m*
 alcohol *m*
 Alkohol *m*

55. alecrim *m*
 rosemary
 romarin *m*
 rosmarino *m*
 romero *m*
 Rosmarin *m*

56. aletria *f (macarrão cabelo de anjo)*
 vermicelli
 vermicelles *fpl*
 vermicelli *mpl*, capelli *mpl* d'angelo
 fideos *mpl*
 Fadennudeln *fpl*

57. alface *f*
 lettuce
 laitue *f*
 lattuga *f*
 lechuga *f*
 Kopfsalat *m*

58. alface-americana *f*
 iceberg lettuce
 laitue *f* iceberg; batavia *f*
 lattuga *f* iceberg; lattuga *f* batavia
 lechuga *f* tipo iceberg; lechuga *f* de
  hoja rizada
 Eis(berg)salat *m*

59. alface-crespa *f*
 Batavia lettuce
 laitue *f* batavia, batavia *f*
 lattuga *f* batavia
 lechuga *f* batavia
 Bataviasalat *m*

60. alface-de-cordeiro *f*
 lamb's lettuce, field lettuce
 doucette *f*, mâche *f*, salade *f* de blé
 valerianella *f*, dolcetta *f*, cicorino *m*
 milamores *f*, hierba *f* de los
  canónigos, ensalada *f* de rapónchigo
 Ackersalat *m*, Feldsalat *m*,
  Nüsslisalat *m (CH)*, Vogerlsalat *m*
  (Aut)

61. alface-*frisée* *f*
 curly endive, friseé lettuce
 salade *f* frisée, frisée *f*
 indivia *f* riccia
 lechuga *f* frisée
 Frisée *f*

62. alga *f*
 alga
 algue *f*
 alga *f*
 alga *f*
 Alge *f*

63. alho *m*
 garlic
 ail *m*
 aglio *m*
 ajo *m*
 Knoblauch *m*

64. alho-de-urso *m*
 bear's garlic
 ail *m* des ours
 aglio *m* orsino

ajo *m* de oso
Bärlauch *m*

65. alho-poró *m*
leek
poireau *m*
porro *m*
puerro *m*
Lauch *m*, Porree *m*

66. alimentos *mpl*
food
aliments *mpl*, denrées *fpl*
alimenti *mpl*, derrate *fpl* alimentari
alimentos *mpl*; comestibles *mpl*, víveres *mpl*
Lebensmittel *npl*

67. almoçar *v*
have lunch
déjeuner
pranzare
almorzar
zu Mittag essen

68. almoço *m*
lunch
déjeuner *m*
pranzo *m*
almuerzo *m*
Mittagessen *n*

69. almoço *m* **de negócios**
business meal
déjeuner *m* d'affaires; repas *m* d'affaires *(en gén.)*
pranzo *m* d'affari
comida *f* de empresa
Geschäftsessen *n*

70. almofada *f*
cushion
coussin *m*
cuscino *m*
almohada *f*, cojín *m*
Kissen *n*

71. almôndega *f*
(small) meat ball
boulette *f* de viande
polpetta *f* di carne
albondiguilla *f* de carne, albóndiga *f* de carne
Fleischheberl *n (Aut)*, Fleischklößchen *n*, Frikadelle *f*

72. alta fermentação, de
top-fermented
de fermentation haute
ad alta fermentazione
de fermentación alta
obergärig

73. amaranto *m*
amaranth
amarante *f*
amaranto *m*
amaranto *m*
Amarant *m*

74. amarelo
yellow
jaune
giallo
amarillo
gelb

75. amargo
bitter
amer
amaro
amargo
bitter

76. amchoor *m (pó de manga verde seca)*
amchoor
poudre *f* de mangue
amchur *f (polvere di mango)*
amchur *m (polvo de mango verde)*
Amchur *n*

77. ameixa *f*
plum
prune *f*, quetsche *f*
prugna *f*, susina *f*
ciruela *f*, damascena *f*, ciruela *f* damascena
Pflaume *f*, Zwetsch(g)e *f*

78. ameixa-preta *f*
(dried) prune
pruneau *m*
prugna *f* secca
ciruela *f* pasa
Backpflaume *f*, Dörrpflaume *f*

79. amêndoas *fpl*
almonds
amandes *fpl*
mandorle *fpl*
almendras *fpl*
Mandeln *fpl*

amendoim 16

80. amendoim *m*
peanut
arachide *f*, cacahouète *f*
arachide *f*, nocciolina *f* americana
cacahuete *m*
Aschanti(nuss) *f (Aut)*, Erdnuss *f*

81. amora *f*
blackberry
mûre *f*
mora *f*
mora *f*
Brombeere *f*

82. anchova *f*
anchovy
anchois *m*
acciuga *f*, alice *f*
anchoa *f*; boquerón *m*
Anchovis *f*, Sardelle *f*

83. anchova-preta *f*
escolar
escolier *m*
ruvetto *m*
pez *m* mantequilla
Buttermakrele *f*

84. anel *m*
ring
anneau *m*
anello *m*
anillo *m*
Ring *m*

85. angélica *f*
angelica
angélique *f*
angelica *f*
angélica *f*
Engelwurz *f*

86. animal *m*
animal
animal *m*
animale *m*
animal *m*
Tier *n*

87. anis-estrelado *m*
star aniseed
badiane *f*
anice *m* stellato
badiana *f*
Sternanis *m*

88. anotar *v*
write down
noter
prendere nota, annotare
anotar, apuntar
notieren

89. aperitivo *m (bebida)*
aperitif
apéritif *m*
aperitivo *m*
aperitivo *m*
Aperitif *m*

90. aperitivo *m (comida)*
appetizer
amuse-bouche *m*
bocconcino *m*, boccone *m* appetitoso
tapas *fpl*
Appetithäppchen *n*

91. apetite *m*
appetite
appétit *m*
appetito *m*
apetito *m*
Appetit *m*

92. apetitoso
appetizing
appétissant
appetitoso
apetitoso
appetitlich

93. apimentar *v (condimentar com pimenta)*
pepper
poivrer
pepare
echar pimienta
pfeffern

94. apreciar *v*
estimate, guess; appreciate
estimer, apprécier
apprezzare; valutare
apreciar; estimar
schätzen

95. aquecedor *m* **de pratos**
plate warmer
chauffe-assiettes *m*
scaldapiatti *m*
callentaplatos *m*
Tellerwärmer *m*

assado

96. aquecer v
heat up, warm up
réchauffer, (faire) chauffer
scaldare; riscaldare
caldear, calentar
aufwärmen, erhitzen, heiss machen

97. ar m
air
air m
aria f
aire m
Luft f

98. ar m **condicionado**
air conditioning
climatisation f
aria f condizionata
climatización f
Klimaanlage f

99. área f **de fumantes**
smoking area, smoking zone
espace m fumeurs
zona f fumatori
espacio m para fumadores, zona f para fumadores
Raucherbereich m

100. área f **de não fumantes**
non-smoking area
espace m non-fumeurs
zona f non fumatori
espacio m para no fumadores
Nichtraucherbereich m

101. arenque m
herring
hareng m
aringa f
arenque m
Hering m

102. arenque m **defumado**
smoked herring
hareng m saur
aringa f affumicata
arenque m ahumado
Bücking m, Bückling m

103. arenque m **marinado**
pickled herring
hareng m mariné
aringa f marinata
arenque m en escabeche
Matjeshering m

104. aroma m
flavour
arôme m
aroma m
aroma m
Aroma n

105. arroz m
rice
riz m
riso m
arroz m
Reis m

106. arroz m **doce**
rice pudding
riz m au lait
riso m al latte
arroz m con leche
Milchreis m, Reisbrei m

107. artificial
artificial
artificiel
artificiale; sintetico
artificial
künstlich

108. asa f
wing
aile f
ala f
ala f
Flügel m

109. aspargo m
asparagus
asperge f
asparago m
espárrago m
Spargel m

110. aspic m *(preparação salgada gelificada)*
aspic *(meat, fish)*
gelée f *(viande, poisson)*
gelatina f; aspic m
áspic m, fiambres mpl envueltos en gelatina *(carne, pescado)*
Aspik m, Gelee n, Sülze f

111. assado m
roast; joint *(leg)*
rôti m, sauté m
arrosto m
asado m
Braten m

assado de carne enrolada

112. assado *m* **de carne enrolada**
roast of beef or pork, rolled and boned
rôti *m* ficelé
rolata *f*, rollè *m*
asado *m* enrollado
Rollbraten *m*

113. assar *v*
bake; roast *(meat, vegetables)*
cuire *(au four)*, rôtir
cuocere al forno; friggere; arrostire
asar
backen *(Brot, Kuchen, Plätzchen)*; braten

114. assento *m* **de criança**
child's seat
siège *m* pour enfants
seggiolino *m* per bambini
sillín *m* para niños
Kindersitz *m*

115. atum *m*
tuna
thon *m*
tonno *m*
atún *m*
Thunfisch *m*

116. ave *f*
bird
oiseau *m*
uccello *m*
ave *f*
Vogel *m*

117. aveia *f*
oats
avoine *f*
avena *f*
avena *f*
Hafer *m*

118. avelã *f*
hazelnut
noisette *f*
nocciola *f*
avellana *f*
Haselnuss *f*

119. aveludado
velvety
velouté
vellutato
suave
samtig

120. aves *fpl*
poultry
volaille *f*
pollame *m*
aves *fpl*
Geflügel *n*

121. azeda *f*
sorrel
oseille *f*
acetosa *f*
acedera *f*
Sauerampfer *m*

122. azedar *v*
go sour
aigrir, tourner
inacidirsi
agriarse; cuajarse *(leche)*
sauer werden

123. azeitona *f*
olive
olive *f*
oliva *f*
aceituna *f*, oliva *f*
Olive *f*

124. azul
blue
bleu
blu, azzurro
azul
blau

B

125. bacalhau *m*
cod
cabillaud *m*
merluzzo *m* comune
bacalao *m* fresco
Kabeljau *m*

126. bacalhau *m* **seco**
dried cod
morue *f* séchée
stoccafisso *m*, baccalà *m*
bacalao *m* seco
Stockfisch *m*

127. baço *m*
spleen
rate *f*
milza *f*

bazo *m*
Milz *f*

128. badejo *m*
whiting
merlan *m*
merlano *m*
merlán *m*
Wittling *m*

129. baga *f*
berry
baie *f*
bacca *f*
baya *f*
Beere *f*

130. baga *f* **de zimbro**
juniper berry
bale *f* de genévrier
bacca *f* di ginepro
enebrina *f*
Wacholderbeere *f*

131. baguete *f*
French bread
pain allongé, du type baguette, ficelle, etc.
filone *m*, bastone *m* *(pane)*
pan de forma alargada
Stangenbrot *n*

132. baixa fermentação, de
bottom fermented
de fermentation basse
a bassa fermemazione
de baja fermentación
untergärig

133. bala *f*
(BE) boiled sweet, *(AE)* hard candy
bonbon *m*
caramella *f*
caramelo *m*
Bonbon *m*

134. balcão *m* **refrigerado**
cool counter
vitrine *f* réfrigérante
banco *m* refrigerato, vetrina *f* refrigerata
vitrina *f* refrigerante
Kühltheke *f*

135. balde *m* **de gelo**
ice bucket
seau *m* à glace
secchiello *m* da ghiaccio
cubo *m* de hielo
Eiskübel *m*

136. bambu *m*
bamboo
bambou *m*
bambù *m*
bambú *m*
Bambus *m*

137. banana *f*
banana
banana *f*
banana *f*
plátano *m*
Banane *f*

138. bandeja *f*
tray
plateau *m*
vassoio *m*
bandeja *f*
Tablett *n*

139. banha *f*
lard
saindoux *m*
strutto *m* di maiale
manteca *f* *(de cerdo)*
Schmalz *n*

140. barato
cheap
bon marché
a buon mercato, conveniente
barato, económico
billig

141. barbatana *f* **de raia**
ray's fin
aile *f* de raie
ala *f* di razza
aleta *f* de raya
Rochenflosse *f*

142. barbatanas *fpl* **de tubarão**
shark's fins
ailes *fpl* de requin
pinne *fpl* di squalo
aletas *fpl* de tiburón
Haifischflossen *fpl*

143. bárbus *m* *(peixe)*
barbel
barbeau *m*
barbo *m* comune, barbio *m*

barquete

barbo *m*
Barbe *f*

144. barquete *f*
pastry, small tarts, canapés and slices of fruit shaped like a small boat
barquette *f*
barchetta *f*
1. barquilla *f*, barquita *f* *(pastel en forma de barco)*; 2. gajo *m* *(naranja, limón)*; 3. tajada *f* *(melón, sandía)*
Schiffchen *n*

145. barra *f* *(de chocolate)*
bar
barre *f*
barretta *f*
barra *f*
Riegel *m*

146. barriga *f* **de porco**
belly of pork
poitrine *f* de porc
pancetta *f* di maiale
tocino *m* ventresco, panceta *f*, tocino *m*
Schweinebauch *m*, Wammerl *n* *(Aut, Bay)*

147. barril *m*
barrel
tonneau *m*
botte *f*
barril *m*, tonel *m*
Fass *n*

148. base *f*
basis, base
base *f*
base *f*
base *f*
Grundlage *f*

149. base de, à
based on, on the basis of
à base de
sulla base di, in base a
tomando como base
auf der Grundlage von

150. bastonete *m*
small stick, chopstick
baguette *f*
bastoncino *m*
bastoncillo *m*
Stäbchen *n*

151. batata *f*
potato
pomme *f* de terre
patata *f*
patata *f*
Kartoffel *f*

152. batata-doce *f*
sweet potato
patate *f*
patata *f* dolce
batata *f*, boniato *m*
Süßkartoffel *f*

153. batatas *fpl* **cozidas** *(em água e sal)*
boiled potatoes
pommes *fpl* de terre à l'eau, pommes *fpl* de terre à l'anglaise
patate *fpl* bollite, patate *fpl* lesse
patatas *fpl* hervidas, patatas *fpl* salcochadas
Salzkartoffeln *fpl*

154. batatas *fpl* **cozidas com casca**
potatoes boiled in their skin
pommes *fpl* de terre en robe des champs
patate *fpl* lessate con la buccia
patatas *fpl* hervidas con su piel
Pellkartoffeln *fpl*

155. batatas *fpl* **fritas**
(BE) chips, *(AE)* fries
pommes *fpl* frites, frites *fpl*
patatine *fpl* fritte
patatas *fpl* fritas
Fritten *pl*, Pommes *pl*, Pommes frites *pl*

156. batatas *fpl* **salteadas**
fried potatoes
pommes *fpl* de terre sautées, pommes *fpl* de terre rissolées
patate *fpl* arrosto *(a fette)*
patatas *fpl* asadas, patatas *fpl* salteadas
Bratkartoffeln *fpl*

157. bater *v*
hit, beat, strike
battre; fouetter
battere, sbattere; montare
batir *(crema)*; montar *(clara de huevo)*
schlagen

158. beber v
drink
boire
bere
beber
trinken

159. bebida f
drink
boisson f
bevanda f, bibita f
bebida f
Getränk n

160. beldroega f
common purslane
pourpier m
portulaca f
portulaca f, verdolaga f
Portulak m

161. berbigão m
cockle
bucarde f
cuore m
berberecho m, macruro m
Herzmuschel f

162. berinjela f
(BE) aubergine, (AE) eggplant
aubergine f
melanzana f
berenjena f
Aubergine f, Melanzane f(pl) (Aut)

163. besugo m (peixe)
red sea bream
pagre m
pagello m fragolino
pagro m
Rotbrassen m

164. beterraba f
(BE) beetroot, (AE) (red) beet
betterave f rouge
barbabietola f (rossa)
remolacha f
Rote Bete f, Rote Rübe f

165. bezerro m
heifer
génisse f
vitellone m
becerra f, ternera f
Jungrind n

166. bife m
steak
bifteck m
bistecca f
bistec m, bisté m
Beefsteak n

167. bife m rolê
roulade; (beef) olive, pork olive, veal olive
paupiette f, oiseau m sans tête
involtino m, uccellino m scappato
rollo m, pulpeta f
Roulade f

168. biscoito m
biscuit
petite pâtisserie sèche; gâteau m sec
biscotto m; pasticcino m
galleta f seca
Plätzchen n

169. biscoito m amanteigado
butter biscuit
petit-beurre m
biscotto m al burro
galleta f
Butterkeks m

170. biscoito m de champanhe
sponge finger, biscuit
biscuit m (à la) cuiller; boudoir m (avec sucre cristallisé)
savoiardo m
bizcocho m de soletilla
Biskotte f (Aut); Löffelbiskuit n

171. boca f
mouth
bouche f
bocca f
boca f
Mund m

172. bocado m
mouthful
bouchée f
boccone m
bocado m
Bissen m

173. bocado, um
a mouthful
une bouchée
un boccone
un bocado
einen Mund voll

bochecha

174. bochecha *f*
cheek
joue *f*
guancia *f*, gota *f*
mejilla *f*
Wange *f*

175. bodião *m (peixe)*
wrasse
vieille *f*
labro *m*
gallano *m*, maragota *f*
Lippfisch *m*

176. bola *f*
ball
boule *f*
palla *f*
bola *f*, bolita *f*
Kugel *f*

177. bolacha *f*
(BE) biscuit, *(AE)* cookie
petit sablé *m*, biscuit *m* sec
biscotto *m*
galleta *f*
Keks *m*

178. bolha *f*
bubble
bulle *f*
bolla *f*
burbuja *f*
Blase *f*

179. bolinha *f*
small ball
(petite) boulette *f*
pallina *f*, piccola palla *f*
albondiguilla *f*
Bällchen *n*

180. bolinho *m*
dumpling
boulette *f*
polpetta *f*; gnocco *m*; canederlo *m*
albóndiga *f*
Klops *m*, Kloß *m*, Knödel *m*

181. bolo *m*
cake
gâteau *m*, tarte *f*
dolce *m*, torta *f*
pastel *m*, tarta *f*
Kuchen *m*

182. bolo *m* **básico**
plain cake, Madeira cake
genre de cake ou quatre-quarts
pan *m* di Spagna
variedad de bizcocho
Sandkuchen *m*

183. bolo *m* **de carne moída**
meat loaf
viande hachée montée en rôti
polpettone *m* di carne
gigote *m*, asado *m* de carne picada
Hackbraten *m*

184. bolo *m* **de especiarias**
cake similar to ginger bread
pain *m* d'épices
panpepato *m*
pan *m* de especias
Lebkuchen *m*

185. bolsa *f* **térmica**
cool bag
sac *m* isotherme
borsa *f* termica
bolsa *f* isotérmica
Kühltasche *f*

186. bombom *m* **de chocolate**
chocolate, sweet, chocolate cream
bonbon *m* de chocolat, chocolat *m*, crotte *f* de chocolat
pralina *f*, cioccolatino *m*
bombón *m* *(relleno de chocolate)*
Praline *f*

187. bonito *m (variedade do atum)*
bonito, skipjack tuna
bonite *m*
bonito *m*
bonito *m*
Bonito *m*

188. borago *m (erva europeia)*
borage
bourrache *f*
borrana *f*, borragine *f*
borraja *f*
Borretsch *m*

189. borda *f*
edge
bord *m*
bordo *m*
borde *m*
Rand *m*

190. branquear v
blanch
blanchir, ébouillanter
sbollentare
blanquear
blanchieren

191. brema f *(peixe)*
bream
brème f
abramide m comune
brema f
Brasse f

192. brócolis mpl
broccoli
brocoli m
broccoli mpl
bróculi m, brécol m
Brokkoli mpl

193. broto m
sprout, shoot
pousse f
germoglio m
brote m
Sprosse f

194. brotos mpl **de soja**
soy bean sprouts
pousses fpl de soja
germogli mpl di soia
soja f germinada
Soja(bohnen)sprossen fpl

195. bucho m
rumen
panse f, gras-double m
rumine f
callos mpl, panza f
Pansen m

196. bufê m **de saladas**
salad buffet
buffet m (de) salades
buffet m delle insalate
bufé m de ensaladas, buffet m de ensaladas
Salatbüffet n

197. bule m **de café**
coffee pot
cafetière f
bricco m del caffè
cafetera f
Kaffeekanne f

198. buquê m *(vinho)*
bouquet
bouquet m
bouquet m
buqué m, bouquet m, aroma m, boca f
Blume f, Bukett n

199. burro m
mule
mulet m
mulo m
mulo m
Maultier n

C

200. cabeça f
head
tête f
testa f
cabeza f
Kopf m

201. cabeça f **de vitela**
calf's head
téte f de veau
testina f di vitello
cabeza f de ternera
Kalbskopf m

202. cabide m
coat hanger, clothes hanger
cintre m
ometto m, gruccia f
colgadero m, percha f
Kleiderbügel m

203. cabra f
goat
chèvre m
capra f
cabra f
Ziege f

204. cabrito m
goat kid
chevreau m, cabri m
caprettino m
cabrito m
Ziegenkitz n

205. caça f
game, venison
gibier m
selvaggina f

cação

caza f, venado m
Wild n, Wildbret n

206. cação m
conger eel; dogfish
aiguillat m; élinette f; roussette f
spinarolo m imperiale; gatuccio m
mielga f; lija f, pintarroja f
Dornhai m, Katzenhai m

207. cacau m
cocoa
cacao m
cacao m
cacao m
Kakao m

208. cadeira f
chair
chaise f
sedia f
silla f
Stuhl m

209. cadoz *(peixe)* m
roach
gardon m
leucisco m
gobio m
Plötze f

210. café m
coffee
café m
caffè m
café m
Kaffee m

211. café m **com leite**
milky coffee
café m au lait
caffel(l)atte m
café m con leche
Milchkaffee m

212. café da manhã m
breakfast
petit déjeuner m
prima colazione f
desayuno m
Frühstück n

213. café m **descafeinado**
decaffeinated coffee; "a decaf!"
café m décaféiné, déca m
caffè m decaffeinato

café m descafeinado
koffeinfreier Kaffee m

214. cafeteira f **elétrica**
coffee machine
machine f à café
macchina f del caffè
cafetera f eléctrica
Kaffeemaschine f

215. calda f
syrup
sirop m
sciroppo m
almíbar m, jarabe m
Sirup m

216. caldo m
clear soup *(liquid)*; stock, soup
bouillon m *(liquide)*; brassin m, fond m blanc
brodo m, guazzetto m
caldo m; salsa f, calderada f
Bouillon f; Brühe f, Sud m

217. caldo m **de carne**
meat juice
fond m
sugo m della carne
fondo m
Fond m

218. caldo m **de galinha**
chicken broth, chicken soup
bouillon m de volaille, bouillon m de poule
brodo m di pollo
caldo m de gallina
Hühnerbrühe f

219. caldo m **de legumes**
vegetable stock, vegetable broth
bouillon m de légumes
brodo m vegetale
caldo m de verduras
Gemüsebrühe f

220. calor m
heat
chaleur f
calore m
calor m
Hitze f

221. camada f
layer
couche f

strato *m*
capa *f*
Schicht *f*

222. camapu *m (fruta)*
Cape gooseberry
alkékenge *f*, physalis *f*
alkekengi *f*
physalis *m*, alquequenje *m*
Physalis *f*, Physaliskirsche *f*

223. camarão *m*
shrimp, prawn
crevette *f* grise
gamberetto *m*
camarón *m*, quisquilla *f*
Garnele *f*

224. camarão-cinza *m*
shrimp
crevette *f* grise
gamberetto *m* grigio
quisquilla *f* gris
Krabbe *f*

225. camarão-gigante *m*
red shrimp
crevette *f* géante, gambon *m* rouge
gamberone *m*
camarón *m*
Riesengarnele *f*

226. camomila *f*
camomile
camomille *f*
camomilla *f*
camomila *f*, manzanilla *f*
Kamille *f*

227. camurça *f (animal)*
chamois
chamois *m*; isard *m (Pyrénées)*
camoscio *m*
gamuza *f*
Gämse *f*

228. cancelar *v*
cancel
annuler
annullare, disdire
anular, declinar
absagen

229. caneca *f*
mug
gobelet *m*
calice *m*; coppa *f*
vaso *m*
Becher *m*

230. canela *f*
cinnamon
cannelle *f*
cannella *f*
canela *f*
Zimt *m*

231. cantarelo *m (espécie de cogumelo)*
chanterelle
chanterelle *f*, girolle *f*
cantarello *m*, gallinaccio *m*
rebozuelo *m*, cantarela *f*
Pfifferling *m*

232. cantarilho *m (peixe)*
rose fish, red fish, ocean perch
sébaste *m*, rascasse *f* du nord
orata *f*; scorfano *m* atlantico
escorpina *f*, gallineta *f*, rescaza *f* del norte
Goldbarsch *m*, Rotbarsch *m*

233. canudinho *m*
(drinking) straw
paille *f*
cannuccia *f*
pajilla *f*
Strohhalm *m*

234. capão *m*
capon
chapon *m*
cappone *m*
capón *m*
Kapaun *m*

235. caqui *m*
Japanese persimmon, kaki, date plum
kaki *f*, coing *m* de Chine
cachi *m*, caco *m*
caqui *m*, kaki *m*, palo *m* santo
Kaki(frucht) *f*

236. carambola *f*
star fruit
carambole *f*
carambola *f*
carambola *f*
Sternfrucht *f*

237. caramelo *m*
caramel
caramel *m*

caranguejo

caramello *m*
caramelo *m*
Karamell *n*

238. caranguejo *m*
crayfish *(fresh water)*; crab *(salt water)*
écrevisse *f (eau douce)*; crabe *m (eau de mer)*, tourteau *m*
gambero *m*; granciporro *m*, granchio *m* (paguro)
cangrejo *m*, centolla *f*; buey *m* de mar
Krebs *m*; Meereskrebs *m*

239. caranguejo-aranha *m*
spider crab
araignée *f* de mer
pantopode *m*, granceola *f*
araña *f* de mar, centollo *m*
Seespinne *f*

240. caranguejo-verde *m*
green crab, shore crab
crabe *m* vert
granchio *m* comune, granchio *m* carcino
cangrejo *m* de mar
Strandkrabbe *f*

241. cardápio *m*
menu
menu *m*
menu *m*, menù *m*, lista *f (delle vivande)*
carta *f*, menú *m*
Speisekarte *f*

242. cardápio *f* para crianças
children's menu, children's portion
assiette *f* enfant
porzione *f* per bambini
plato *m* para niños
Kinderteller *m*

243. carne *f*
meat
viande *f*
carne *f*
carne *f*
Fleisch *n*

244. carne *f* bovina assada
roast beef
rôti *m* de bœuf
arrosto *m* di manzo
asado *m* de buey
Rinderbraten *m*

245. carne *f* de carneiro
mutton
mouton *m*
carne *f* di montone
carnero *m*, carne *f* de carnero
Hammelfleisch *n*

246. carne *f* de vaca
beef
bœuf *m*
carne *f* di manzo
carne *f* de vaca
Rindfleisch *n*

247. carne *f* de veado
venison
chevreuil *m*
carne *f* di capriolo, capriolo *m*
carne *f* de corzo
Rehfleisch *n*

248. carne *f* de vitela
veal
veau *m*
carne *f* di vitello
ternera *f*
Kalbfleisch *n*

249. carne *f* moída
mince
hachis *m*, viande *f* hachée
carne *f* trita
carne *f* picada, picadillo *m*
Hackfleisch *n*

250. carne *f* salgada
salted meat, pickled meat
demi-sel *m*; salaison *f*
carne *f* salmistrata
carne *f* an salmuera, salazones *fpl*
Pökelfleisch *n*

251. carne-seca *f*
dried meat
viande *f* séchée
carne *f* secca
carne *f* seca
Dörrfleisch *n*

252. carneiro *m*
wether, mutton
mouton *m*
montone *m*
carnero *m*
Hammel *m*

253. caro
expensive, dear
cher, coûteux
caro, costoso
caro, costoso
teuer

254. carpa *f*
carp
carpe *f*
carpa *f*
carpa *f*
Karpfen *m*

255. carta *f* **de vinhos**
wine list
carte *f* des vins
lista *f* del vini
carta *f* de vinos
Weinkarte *f*

256. cartão *m* **de crédito**
credit card
carte *f* de crédit
carta *f* di credito
tarjeta *f* de crédito
Kreditkarte *f*

257. cartilagem *f*
cartilage; gristle *(in food)*
cartilage *m*
cartilagine *f*
cartílago *m*
Knorpel *m*

258. casca *f* **de laranja cristalizada**
candied orange peel
orangeat *m*
scorza *f* d'arancia candita
cáscara *f* de naranja confitada
Aranzini *pl (Aut, CH)*, Orangeat *n*

259. casca *f* **de limão**
lemon peel; zest of a citrus fruit
zeste *m* de citron
scorza *f* del limone
corteza *f* de limón
Zitronenschale *f*

260. casca *f* **de limão cristalizada**
candied lemon peel
citronnat *m*
scorza *f* di limone candita
piel *f* de limón confitada, cidra *f* confitada
Zitronat *m*

261. caseiro
homemade
fait maison
fatto in casa, casereccio, casalingo
casero, que se hace en casa
hausgernacht

262. cassis *m (groselha preta)*
blackcurrant
cassis *m*
ribes *m* nero
grosella *f* negra, casis *f*
schwarze Johannisbeere *f*

263. castanha *f*
(sweet) chestnut
châtaigne *f*, marron *m*
castagna *f*; marrone *m*
castaña *f*
Esskastanie *f*, Kastanie *f*, Marone *f*

264. cavala *f (peixe)*
mackerel
maquereau *m*
maccarello *m*, sgombro *m*
caballa *f*
Makrele *f*

265. cavaquinha *f (espécie de lagosta)*
slipper lobster
grande cigale *f*
magnosa *f*, cicala *f* di mare
santiaguiño *m (Galicia)*; santiaguín *m*
Bärenkrebs *m*

266. caviar *m*
caviar
caviar *m*
caviale *m*
caviar *m*
Kaviar *m*

267. cebola *f*
onion
oignon *m*
cipolla *f*
cebolla *f*
Zwiebel *f*

268. cebola *f* **amarela**
Spanish onion
oignon *m* jaune, oignon-légume *m*
cipolla *f* dolce
cebolla *f* amarilla
Gemüsezwiebel *f*

cebolinha

269. cebolinha f
chives
ciboulette f
erba f cipollina
cebollino m
Schnittlauch m

270. cebolinha-branca f
spring onion; pearl onion, cocktail onion; rocambole, shallot
(petit) oignon m blanc; rocambole f, ail m d'Espagne
cipolla f bianca, cipollotto m; aglio m romano, aglio m di Spagna, aglio m rocambola
cebollita f blanca; cebollita f perla; rocambola f
Frühlingszwiebel f; Lauchzwiebel f; Perlzwiebel f; Rokambole f, Silberzwiebel f

271. cenoura f
carrot
carotte f
carota f
zanahoria f
Karotte f, Möhre f, Mohrrübe f, Ruebli n (CH)

272. centeio m
rye
seigle m
segala f
centeno m
Roggen m

273. cepa f
type of grape
cépage m
varietà f di vite
cepa f
Rebsorte f

274. cereais mpl
grain, corn
céréales fpl
cereali mpl
cereales mpl
Getreide n

275. cerefólio m
chervil
cerfeuil m
cerfoglio m
perifollo m
Kerbel m

276. cereja f
cherry
cerise f
ciliegia f
cereza f
Chriesi f (CH), Kirsche f

277. cerveja f
beer
bière f
birra f
cerveza f
Bier n

278. cervejaria f
brewery
brasserie f
fabbrica f di birra
cervecería f, fábrica f de cerveza
Brauerei f

279. cervo m
red deer
cerf m
cervo m
ciervo m
Hirsch m

280. cesta f
basket
panier m
cesto m, paniere m
cesta f
Korb m

281. cesta f **de pães**
bread basket
corbeille f à pain, panier m à pain
cestino m del pane
panera f
Brotkorb m

282. cevada f
barley
orge f
orzo m
cebada f
Gerste f, Gerstel n (Aut)

283. chá m
tea
thé m; tisane f, infusion f (herbes, fruits)
the m, tè m; tisana f (erbe)
té m; tisana f (hierbas)
Tee m

284. chá *m* de hortelã
(pepper) mint tea
menthe *f (infusion)*
infuso *m* dil mentuccia, mentuccia *f*
infusión *f* de menta
Pfefferminztee *m*

285. chá *m* de tília
lime blossom tea
tilleul *m (infusion)*
tisana *f* al tiglio
tila *f*
Lindenblütentee *m*

286. chá *m* de verbena
vervain tea, verbena tea
verveine *f*
tisana *f* di verbena
verbena *f*
Eisenkrauttee *m*

287. chalota *f*
shallot
échalote *f*
scalogno *m*
chalote *m*
Schalotte *f*, Schalottenzwiebel *f*

288. chaminé *f*
chimney, fireplace
cheminée *f*
camino *m*
chimenea *f*
Kamin *m*

289. champanheira *f*
champagne bucket
seau *m* à champagne
secchiello *m* da spumante
cubo *m* para cava
Sektkühler *m*

290. champignon *m*
(white) mushroom
champignon *m* de Paris
champignon *m*, prataiolo *m*
champiñón *m*
Champignon *m*

291. chapelaria *f*
cloakroom
vestiaire *m*
guardaroba *m*
guardarropa *m*
Garderobe *f*

292. *cheesecake* *m* *(torta doce de queijo)*
cheesecake
tarte *f* au fromage blanc
torta *f* di ricotta
tarta *f* de queso
Käsekuchen *m*

293. cheio
full
plein
pieno
lleno
voll

294. cheirar *v*
smell
sentir *(odeur)*
sentire l'odore
oler (a)
riechen

295. cheiro *m*
smell, scent
odeur *f*
odore *m*, profumo *m*
olor *m*
Geruch *m*

296. cherne *m (peixe)*
stone bass
cernier *m*, mérou *m*
cernia *f* di fondale
cherna *f*, jorna *f*, mero *m*
Wrackbarsch *m*

297. chocolate *m*
chocolate
chocolat *m*
cioccolata *f*, cioccolato *m*
chocolate *m*
Schokolade *f*

298. chucrute *m*
picked cabbage, sauerkraut
choucroute *f*
crauti *mpl*
chucrut *m*
Sauerkraut *n*, Suurchabis *m (CH)*

299. chuleta *f*
chop, cutlet
côtelette *f*
costoletta *f*, cotoletta *f*
chuleta *f*, costilla *f*
Kotelett *n*

churrasco misto

300. churrasco *m* **misto**
mixed grill
grillade(s) *f(pl)*
griglata *f*
parrillada *f*, carne *f* asada a la parrilla
Grillgericht *n*, Grillplatte *f*

301. cinza
(BE) grey, *(AE)* gray
gris
grigio
gris
grau

302. cinzeiro *m*
ashtray
cendrier *m*
portacenere *m*
cenicero *m*
Aschenbecher *m*

303. clara *f* **de ovo**
egg white
blanc *m* d'œuf
bianco *m* d'uovo, albume *m*
clara *f (de huevo)*
Eiweiß *n*

304. claro
clear
clair, limpide
limpido, chiaro
claro
klar

305. clementina *f (fruta)*
clementine
clémentine *f*
clementina *f*
clementina *f*
Klementine *f*

306. cliente *m*
customer, client
client *m*
cliente *m*
cliente *m*
Kunde *m*

307. clientela *f*
customers
clientèle *f*
clientela *f*
clientela *f*
Kundschaft *f*

308. coagular *v*
coagulate, clot
coaguler, cailler
coagulare, coagularsi
cuajar *(leche)*; engrumecerse *(hacer grumos)*
gerinnen

309. cocada *f*
(coconut) macaroon
congolais *m*
biscotto *m* al cocco
pastelito *m* de coco
Kokosmakrone *f*

310. coco *m*
coconut
noix *f* de coco
noce *f* di cocco
nuez *f* de coco
Kokosnuss *f*

311. codorna *f*
quail
caille *f*
quaglia *f*
codorniz *f*
Wachtel *f*

312. coelho *m*
rabbit
lapin *m*
coniglio *m*
conejo *m*
Chüngel *n (CH)*, Hauskaninchen *n*

313. coentro *m*
coriander, *(AE)* cilantro
coriandre *m*
coriandolo *m*, coriandro *m*
cilantro *m*, culantro *m*
Koriander *m*

314. cogumelo *m*
mushroom
champignon *m*
fungo *m*
hongo *m*, seta *f*
Pilz *m*

315. cogumelo *m* **morel**
morel
morille *f*
morchella *f*, spugnola *f*
colmenilla *f*, morilla *f*
Morchel *f*

316. cogumelo-ostra m
oyster, Chinese mushroom
pleurote f
orecchione m, gelone m
pleuroto m
Austernpilz m

317. cogumelo m **porcino**
cep, edible bolete
cep m, bolet m
fungo m porcino, porcino m
boleto m, seta f
Steinpilz m

318. cogumelos mpl **silvestres**
forest mushrooms
champignons mpl des bois,
  champignons mpl sylvestres
funghi mpl di bosco
setas fpl del bosque, hongos mpl
  silvestres
Waldpilze mpl

319. colher v
pick, pluck
cueillir
cogliere
cosechar, recoger
pflücken

320. colher f
spoon
cuiller f
cucchiaio m
cuchara f
Löffel m

321. colher f **de café**
coffee spoon
cuiller f à café
cucchiaino m
cucharilla f de café
Kaffeelöffel m

322. colher f **de chá**
teaspoon
cuiller f à thé
cucchiaino m
cucharilla f *(de cafe)*
Teelöffel m

323. colza f
rape
colza m
colza f
colza f
Raps m

324. comer v
eat
manger
mangiare
comer
essen

325. comida f
meal
repas m
pasto m
comida f
Essen n

326. comida f **caseira**
plain cooking
cuisine f familiale
cucina f casalinga
comida f casera
Hausmannskost f

327. cominho m
cumin
cumin m
cumino m
comino m
Kreuzkümmel m

328. comparar v
compare
comparer
confrontare, paragonare
comparar
vergleichen

329. compor v
put together
composer, combiner
comporre, combinare
componer, reunir
zusammenstellen

330. composição f
composition
composition f
composizione f
composición f
Zusammensetzung f

331. compota f
compote
compote f
composta f, frutta f cotta
compota f
Kompott n

332. compota *f* **de ameixas**
(thick) stewed plums
compote *f* de prunes
composta *f* di prugne
mermelada *f* de ciruelas
Powidl *m* (Aut)

333. compra *f*
purchase
achat *m*
acquisto *m*, compera *f*
compra *f*
Einkauf *m*

334. comprar *v*
purchase, buy
acheter
acquistare, comperare
comprar
einkaufen, kaufen

335. comprido
long
long
lungo
largo
lang

336. comum
usual
ordinaire, habituel
solito, usuale; ordinario, comune
ordinario
gewöhnlich

337. confeitaria *f (produtos)*
(BE) biscuits, *(AE)* cookies, cakes, confectionary
pâtisserie *f*
pasticceria *f*; pasticcini *mpl*
repostería *f*, pasteles *mpl*
Bäckereien *fpl (Aut)*, Backwerk *n*, Gebäck *n*, Konditoreiware *f*

338. confeitaria *f* **de massa folhada**
Danish pastry
pâtisseries *fpl* feuilletées
pasticceria *f* di pasta sfoglia
pasteles *mpl* hojaldrados, pasteles *mpl* de hojaldre
Blätterteiggebäck *n*

339. confeitaria *f* **fina**
cakes and pastries
pâtisseries *fpl* fines
pasticceria *f* fine, pasticcini *mpl*
pasteles *mpl* finos
Feingebäck *n*

340. congelar *v*
freeze; deep freeze
congeler, surgeler
congelare, surgelare
congelar
einfrieren, tiefgefrieren

341. congro *m*
conger *(eel)*
congre *m*
grongo *m*, congro *m*; anguilla *f* di mare
congrio *m*
Meeraal *m*, Seeaal *m*

342. conservante *m*
preservative
produit *m* de conservation
conservante *m*
conservante *m*
Konservierungsmittel *n*

343. conservar *v*
keep
garder
conservare
guardar, conservar
behalten

344. conservar *v* **em sal**
pickle, salt
saler, saumurer
salmistrare, mettere in salamoia
adobar, salar
pökeln

345. consomê *m*
meat stock, consommé, beef stock
bouillon *m* de viande, consommé *m*
brodo *m* di carne, brodo *m* ristretto
caldo *m* de carne, consommé *m*
Fleischbrühe *f*, Kraftbrühe *f*

346. consumir *v*
consume
consommer
consumare
consumir
verbrauchen, verzehren

347. consumo *m*
consumption
consommation *f*
consumo *m*

consumo *m*
Verbrauch *m*, Verzehr *m*

348. conta, em
good value, cheap, reasonable
bon marché
a buon mercato, conveniente
barato, económico
preiswert

349. copo *m*
cup
tasse *f*
tazza *f*
taza *f*
Tasse *f*

350. cor *f*
colour
couleur *f*
colore *m*
color *m*
Farbe *f*

351. coração *m*
heart
cœur *m*
cuore *m*
corazón *m*
Herz *n*

352. corante *m*
dye, colouring *(foods)*
colorant *m*
colorante *m*
colorante *m*
Farbstoff *m*

353. cordeiro *m*
lamb
agneau *m*
agnello *m*
cordero *m*
Lamm *n*

354. cordeiro de leite *m*
very young lamb
agneau *m* de lait
agnello *m* da latte
cordero *m* lechal
Milchlamm *n*

355. corégono *m* *(peixe de água doce, especialmente do Lago de Constança)*
freshwater whitefish from Lake Constance
poisson de la famille des corégones, du Lac de Constance
coregone *m*, lavarello *m* *(pesce d'acqua dolce, spec. del Lago di Costanza)*
corégono *m* *(variedad de pez muy fino, oriundo del lago de Constanza)*
Felchen *m*

356. corégono *m* **alpino**
freshwater whitefish from the alpine lakes
poisson de la famille des corégones, des lacs alpins
coregone *m* *(pesce dei laghi alpini)*
corégono *m* *(pez de los lagos alpinos)*
Renke *f*

357. cortar *v*
cut
couper, trancher
tagliare
1. cortar *(en gen.)*; 2. trocear *(carne)*
schneiden

358. cortar *v* **em filés**
fillet
fileter
sfilettare
filetear
filetieren, filieren

359. cortar *v* **em tiras**
shred
émincer
tagliare a striscioline
cortar en lonchas
schnetzeln

360. corte *m*, **primeiro**
first slice
entame *f*
primo pezzo *m*; prima fetta *f*
encetadura *f*, corte *m*
Anschnitt *m*

361. cortês
polite
poli
gentile, cortese
cortés, educado
höflich

362. cortesia *f*
politeness
politesse *f*

costas

gentilezza *f*, cortesia *f*
cortesía *f*
Höflichkeit *f*

363. costas *f*
1. back; 2. chine *(beef)*; saddle *(mutton)*; haunch *(venison)*
dos *m*
schiena *f*
espalda *f*, lomo *m*
Rücken *m*

364. costela *f*
chop, cutlet
côte *f*, côtelette *f*
costoletta *f*
chuleta *f*, costilla *f*
Rippe *f*

365. costeleta *f* **de porco**
chop, cutlet *(pork)*
carré *m* de côtes *(porc)*
braciola *f (di maiale)*
costillar *m*
Karbonade *f*

366. couro *m* **de toucinho**
rind
couenne *f*
cotenna *f*
corteza *f* de tocino
Schwarte *f*

367. *court-bouillon m (caldo para cozimento de peixe)*
fish stock
court-bouillon *m*
court-bouillon *m (per pesci)*
caldo *m* corto
Fischsud *m*

368. couve *f*
(curly) kale
chou *m* vert
cavolo *m* verde
berza *f* común
Grünkohl *m*

369. couve-crespa *f*
savoy cabbage
chou *m* frisé
cavolo *m* verza, verza *f*
col *f* rizada
Wirsing *m*, Wirz *m (CH)*

370. couve-de-bruxelas *f*
Brussels sprouts
chou *m* de Bruxelles
cavolino *m* di Bruxelles
col *f* de Bruselas
Rosenkohl *m*, Sprossenkohl *m*, Sprosserl *n (Aut)*

371. couve-flor *f*
cauliflower
chou *m* fleur
cavolfiore *m*
coliflor *f*
Blumenkohl *m*, Karfiol *m (Aut)*

372. couve-marinha *f*
sea kale
crambe *m*, chou *m* marin
cavolo *m* marino
berza *f* marina
Meerkohl *m*

373. couve-rábano *f*
kohlrabi
petit chou rave blanc
(piccolo) cavolo *m* rapa
colirrábano *m (variedad de colinabo)*
Kohlrabi *m*, Ruebkohl *m (CH)*

374. *couvert m*
cover, place setting
couvert *m*
coperto *m*
cubierto *m*
Gedeck *n*

375. coxa *f (de ave)*
leg
cuisse *f*
coscia *f*
pata *f*, muslo *m*
Keule *f*, Schenkel *m*

376. coxas *fpl* **de rã**
frog's legs
cuisses *fpl* de grenouilles
cosce *fpl* di rana
ancas *fpl* de rana
Froschschenkel *mpl*

377. cozinha *f*
1. kitchen *(place of work)*; 2. cuisine *(gastronomic quality and orientation)*
cuisine *f*
cucina *f*
cocina *f*
Küche *f*

378. cozinhar v
cook
faire la cuisine, cuisiner
cucinare, cuocere
cocer, cocinar
kochen

379. cozinhar v **no vapor**
steam
étuver, cuire à l'étuvée
cuocere a vapore
estofar, guisar al estofado
dämpfen

380. cozinheiro m
cook
cuisinier m
cuoco m
cocinero m
Koch m

381. cravo-da-índia m
clove
clou m de girofle
chiodo m di garofano
clavillo m, clavito m, clavo m (de olor)
Gewürznelke f, Nelke f

382. creme m
cream
crème f
crema f
crema f
Creme f, Krem f

383. creme m **chantili**
(whipped) cream
1. crème f fouettée (neutre); 2. crème f Chantilly (sucrée)
panna f montata
1. crema f batida (sin azúcar); 2. chantillí m (con azúcar)
Schlagobers n (Aut), Schlagsahne f

384. creme m **de amêndoas**
almond cream
frangipane f (garniture gateau); crème f aux amandes
crema f di mandorle
crema f de almendras
Mandelcreme f

385. creme m **de baunilha**
custard, vanilla sauce
crème f à la vanille, crème f anglaise
crema f alla vaniglia
crema f inglesa, natillas fpl de vainilla
Vanillecreme f

386. creme m **de leite**
cream
crème f (lait)
panna f
crema f, nata f
Sahne f, Rahm m, Obers n (Aut)

387. creme m **de leite azedo**
sour cream
crème f fraîche (épaisse)
panna f acida (reg.)
nata f agria
Schmand m, Schmant m

388. creme m **de raiz-forte**
creamed horseradish
raifort m à la crème
barbaforte m alla panna
rábano m rusticano a la crema, rábano m picante a la crema
Oberskren m (Aut)

389. cremoso
creamy
crémeux
cremoso
cremoso
cremig, sahnig

390. criativo
imaginative
inventif
pieno d'idee, ingegnoso
inventivo, creativo
einfallsreich

391. cristalizar v
crystallize
(se) candir, confire
candire
confitar, escarchar
kandileren

392. crocante
crispy, crunchy
croustillant, croquant
croccante
crujiente, cuscurrante
knusprig

393. *croissant* m
croissant
croissant m; cornet m
cornetto m, brioche f

croquete

croissant *m*, cruasán *m*
Hörnchen *n*, Kipferl *n* (Aut)

394. croquete *m*
croquette
croquette *f*
crocchetta *f*
croqueta *f*
Krokette *f*

395. croquetes *mpl* **de batatas**
croquette potatoes
croquettes *fpl* de pommes de terre (*genre pommes dauphines*)
crocchette *fpl* di patate
croquetas *fpl* de patatas
Kartoffelkroketten *fpl*

396. crosta *f*
crust
croûte *f*
crosta *f*
costra *f*, corteza *f*
Rinde *f*

397. cru
raw
cru
crudo
crudo
roh

398. *crudités* *fpl* (*prato de vegetais crus*)
raw fruit and vegetables
crudités *fpl*
verdure *fpl* crude miste
verduras *fpl* crudas, crudité *f*
Rohkost *f*

399. cubo *m*
cube
dé *m*; cube *m*
dado *m*, dadino *m*, cubo *m*, cubetto *m*; zolletta *f* (*zucchero*)
cubo *m*
Würfel *m*

400. cubo *m* **de gelo**
ice cube
glaçon *m*
cubetto *m* di ghiaccio
cubito *m* (*de hielo*)
Eiswürfel *m*

401. cubos *mpl* **de toucinho**
diced bacon
lardons *mpl*
lardelli *mpl*
cubitos *mpl* de tocino, trocitos *mpl* de tocino
Speckmöckli *npl* (CH), Speckwürfel *mpl*

402. cuidadosamente
careful
avec soin, soigneusement
con cura, con attenzione
cuidadosamente
sorgfältig

403. cumprimentar *v*
greet
saluer
salutare
saludar
begrüßen

404. curvo
ring-shaped
courbe
a forma d'anello
curvo
im Ring

405. custar *v*
cost
coûter
costare
costar, valer
kosten

406. custo *m* **adicional**
additional charge
supplément *m*
sovrapprezzo *m*
suplemento *m* (*de precio*), sobreprecio *m*
Aufpreis *m*

D

407. damasco *m*
apricot
abricot *m*
albicocca *f*
allbaricoque *m*
Aprikose *f*, Marille *f* (Aut)

408. data *f* **de validade**
best before date, use by date, expiry date
date *f* de péremption
data *f* di scadenza
fecha *f* de caducidad
Verfallsdatum *n*

409. decantar *v*
decant
décanter
decantare
decantar
dekantieren

410. defumado
smoked
fumé
affumicato
ahumado
geräuchert

411. defumar *v*
smoke
fumer, saurer *(viande, poisson, etc.)*
affumicare
ahumar
räuchern, selchen *(Aut, Bay)*

412. degustação *f* **de vinhos**
wine tasting
dégustation *f* de vins
degustazione *f* del vino
cata *f*, degustación *f* de vinos
Weinprobe *f*

413. delicioso
delicious
délicieux
delizioso, squisito
delicioso, sabroso
köstlich, vorzüglich

414. dentão *m (peixe)*
common dentex, toothed sparus, snapper
denti *m*, denté *m*
dentice *m*
dentón *m*, capitón *m*
Zahnbrassen *m*

415. dente-de-leão *m*
dandelion
pissenlit *m*
dente *m* di leone, tarassaco *m*
diente *m* de león
Löwenzahn *m*

416. derramar *v*
spill
renverser
versare
derramar
verschütten

417. derreter *v*
melt
fondre
fondere, sciogliere; fondersi, sciogliersi
derretir(se), fundir(se)
schmelzen

418. desarrolhar *v*
uncork
déboucher
stappare, sturare
descorchar, destapar
entkorken

419. descafeinado
decaffeinated
décaféiné
decaffeinato
descafeinado
koffeinfrei

420. descanso *m (de panelas, de copos)*
mat, coaster *(for glasses)*
dessous *m (de plat, de verre)*
sottopentola *m*
platillo *m*
Untersatz *m*

421. descascar *v*
1. peel *(fruit, vegetables, eggs)*; 2. skin *(almond, tomato)*; 3. shell *(eggs)*
1. peler, éplucher *(fruits en gén., légumes)*; 2. monder *(amandes)*; 3. écailler *(œufs, noix)*; 4. zester *(agrumes)*
1. sbucciare, pelare *(frutti)*; 2. sgusciare *(uova)*; 3. mondare *(cereali)*
1. mondar, pelar *(legumbres y frutas en gen., agrios)*; 2. limpiar *(almendras)*; 3. quitar la cáscara *(huevos, nueces)*
schälen

422. despejar *v*
pour
verser

detector de fumaça

versare
verter
gießen

423. detector m de fumaça
smoke detector
détecteur m de fumée
rilevatore m di fumo
detector m de humo(s)
Rauchmelder m

424. dez gramas
ten grams
dix grammes
decagrammo m
diez gramos
Deka n *(Aut)*

425. diagonal, em
sloping
de biais
di sbieco, obliquamente
obliquamente, sesgadamente
schräg

426. dieta f
diet
régime m
dieta f, regime m alimentare
dieta f
Diät f

427. diferente
different, various
different, divers
differente, diverso
diferente, vario
verschieden

428. digerir v
digest
digérer
digerire
digerir
verdauen

429. digerível
digestible
digeste
digeribile
digestible, digerible
verdaulich

430. digestão, de fácil
easily digestible
qui est facile à digérer
digeribile

digestible
bekömmlich

431. diluído, não
undiluted; neat *(alcohol)*
non dilué, pur
non diluito
puro, sin diluir
unverdünnt

432. diluir v
dilute
diluer
diluire, allungare
desleír, diluir
verdünnen

433. dinheiro m vivo
cash
argent m comptant
contante m, denaro m contante
dinero m suelto, calderilla f
Bargeld n

434. distribuir v
distribute
distribuer, répartir
distribuire, suddividere
distribuir, repartir
verteilen

435. dividir v
divide
diviser; partager
dividere
dividir; partir
teilen

436. dividir v em porções
divide into portions
portionner
dividere in porzioni
racionar
portionieren

437. doce *(com açúcar)*
sweet
doux; sucré
dolce
dulce
süß

438. doce m *(guloseima)*
sweet
plat m sucré
dolce m
dulce m
Süßspeise f

439. doce *m* amanteigado
Danish pastry
pâtisserie *f* pur beurre
biscotti *mpl* al burro
pastel *m* a base de mantequilla
Buttergebäck *n*

440. doce *m* crocante
cracknel
un genre de nougatine
croccante *m*
crocante *m* (especie de turrón)
Krokant *m*

441. dourada *f*
(gilthead) sea bream, red porgy
dorade *f* (royale)
orata *f*
dorada *f*
Dorade *f*, Goldbrasse *f*

442. dourado
brown
brun, marron
bruno, marrone
marrón
braun

443. duro
1. hard (general); 2. tough (meat)
1. dur (en gén.); 2. coriace (viande)
duro; denso
duro (en gen.); 2. correoso (carne)
hart, zäh

444. dúzia *f*
dozen
douzaine *f*
dozzina *f*
docena *f*
Dutzend *n*

E

445. ecológico
ecological
écologique
ecologico
ecológico
ökologisch

446. efervescente
sparkling
pétillant, effervescent
gas(s)ato, frizzante
efervescente
sprudelig

447. eisbein *m* (joelho de porco à moda alemã)
pickled knuckle of pork
jarret *m* de porc (saumuré et cuit)
stinco *m* di maiale (in salamoia)
jarrete *m* de cerdo (en salmuera y luego cocido)
Eisbein *n*, Surhachse *f*, Surhaxe *f*

448. embalar *v*
pack, wrap (up)
emballer
imballare; confezionare
embalar, envasar
verpacken

449. embutidos *mpl*
all kinds of sausages, pâtés, and cold meats
charcuterie *f*
insaccati *mpl*, salumi *mpl*
embutidos *mpl*
Wurstwaren *fpl*

450. empanar *v*
bread
paner
impanare, panare
empanar
panieren

451. endívia *f*
chicory
endive *f*
cicoria *f* belga
endibia *f*
Chicorée *m*

452. endro *m*
dill
aneth *m*
aneto *m*
eneldo *m*
Dill *m*

453. enguia *f*
eel
anguille *f*
anguilla *f*
anguila *f*
Aal *m*

454. entrada *f* (antepasto)
starter, hors d'œuvre

entremeado

hors d'œuvre *m*
antipasto *m*
entrada *f*, entrante *m*, entremés *m*
Vorspeise *f*

455. entremeado *(de gordura e partes magras)*
marbled *(meat)*; streaky *(bacon)*
marbré, persillé; entrelardé *(porc)*
misto *(con parti di grasso e magro)*
entreverado, mechado *(carne)*
durchwachsen

456. envasamento *m*
bottling
mise *f* en bouteille
imbottigliamento *m*
embotellado *m*
Abfüllung *f*

457. envolto em massa *(feita de farinha e ovos)*
wrapped in pastry
en croûte
in crosta
empanado
im Teigmantel

458. eperlano *m* *(peixe marinho parecido com o salmão)*
smelt, sparling
éperlan *m*
sperlano *m*, eperlano *m*
eperlano *m*
Stint *m*

459. equilibrado
balanced, harmonious
équilibré
armonico, equilibrato
equilibrado
ausgeglichen

460. erva *f*
herb
herbe *f*
erba *f* aromatica
hierba *f*
Kraut *n*

461. erva-armoles *f*
orache
arroche *f (épinard)*
atreplice *f*
armuelle *m*
Melde *f*

462. erva-doce *f*
fennel
fenouil *m*
finocchio *m*
hinojo *m*
Fenchel *m*

463. ervas *fpl* **silvestres**
wild herbs
herbes *fpl* (aromatiques) sauvages
erbe *fpl* selvatiche
hierbas *fpl* selváticas
Wildkräuter *npl*

464. ervilha *f* **torta**
sugar snap pea, mangetout
pois *m* gourmand
fagiolo *m* mangiatutto; taccola *f*
guisante *m* mollar, tirabeque *m*
Zuckerschote *f*

465. ervilhas *fpl*
peas
petits pois *mpl*
piselli *mpl*
guisantes *mpl*
Erbsen *fpl*

466. ervilhas *fpl* **secas**
dried peas
petits pois *mpl* secs
piselli *mpl* secchi spezzati
guisantes *mpl* majados
Trockenerbsen *fpl*

467. escalfar *v*
poach
pocher
affogare
escalfar, pochar
pochieren

468. escalope *m*
outlet, escalope
escalope *f*
scaloppina *f*
escalope *m*
Schnitzel *n*

469. escamudo *m*
coalfish, coley, saithe, pollack, pollock
lieu *m* noir
merluzzo *m* carbonaro
merluza *f*, carbonero
Köhler *m*, Kohlfisch *m*, Seelachs *m*

470. escamudo *m* **amarelo**
pollack
lieu *m* jaune
merluzzo *m* giallo
abadejo *m*, carbonero *m*
Pollack *m*

471. *escargot* *m*
snail
escargot *m*
lumaca *f*
caracol *m*
Schnecke *f*

472. escarola *f*
endive
frisée *f (salade)*; scarole *f*
indivia *f*; scarola *f*
ensalada *f* de endivia, ensalada *f* de endibia
Endivie *f*, Endiviensalat *m*

473. escolha *f*
choice
choix *m*
scelta *f*
selección *f*, surtido *m*
Wahl *f*

474. escolha, à
of choice
au choix
scelta
escoger
Wahl/nach

475. escolher *v*
choose
choisir
scegliere
escoger
wählen

476. escorcioneira *f (erva europeia)*
(black) salsify
salsifis *m*
scorzonera *f*
salsifí *m*
Schwarzwurzel *f*

477. escuro
dark
sombre *(pièce, salle)*; foncé *(sauce, pâtisserie)*
scuro, cupo
oscuro; tostado
dunkel

478. esfriar *v*
store cold, keep cold
refroidir, rafraîchir, mettre au frais
raffreddare
refrescar
kühlen

479. esfriar *v*, **deixar**
(let) cool off, (let) cool down
(laisser) refroidir
(lasciar) raffreddare
(dejar) enfriar
abkühlen (lassen)

480. espadilha *f (espécie de arenque pequeno)*
sprat
sprat *m*
spratto *m*
espadín *m*
Sprotte *f*

481. espalhar *v*
sprinkle *(non-liquid material)*
verser *(substance non liquide)*
cospargere, spargere
echar, esparcir *(sustancias no liquidas)*
streuen

482. especialidade *f*
speciality
spécialité *f*
specialità *f*
especialidad *f*
Spezialität *f*

483. espelta *f (espécie de trigo)*
spelt *(wheat)*
épeautre *m*
spelta *f*, farro *m*
espelta *f*, escanda *f*
Dinkel(weizen) *m*

484. espessar *v*
thicken
lier *(sauce, potage)*
(far) legare *(salsa, sugo)*
espesar, ligar, trabar *(salsa, sopa)*
legieren

485. espesso
thick, creamy
onctueux
denso, cremoso
untuoso
sämig

espetinho

486. espetinho *m*
small skewer
brochette *f*
spiedino *m*
broqueta *f*, espetón *m*
Spießchen *n*

487. espeto *m*
spit *(grill)*; skewer *(for meat)*
broche *f*
spiedo *m*
aguja *f*, broqueta *f*
Spieß *m*

488. espinafre *m*
spinach
épinards *mpl*
spinaci *mpl*
espinacas *fpl*
Binätsch *m (CH)*, Spinat *m*

489. espinafre *m* **em folhas**
(leaf) spinach
épinards *mpl* en branches
spinaci *mpl* in foglia
espinacas *fpl* de tallos
Blattspinat *m*

490. espinha *f* **de peixe**
fishbone
arête *f*
lisca *f*, spina *f* di pesce
espina *f* de pescado
Gräte *f*

491. espinheiro-cerval *m*
sea buckthorn
argousier *m*
olivello *m* spinoso
espino *m* falso, espino *m* amarillo
Sanddorn *m*

492. espremedor *m* **de limão**
lemon grater
presse-citron *m*
spremilimoni *m*
exprimidor *m (de limones)*,
  prensalimones *m*
Zitronenpresse *f*

493. espremer *v*
press
presser
premere; spremere
apretar
pressen

494. espuma *f*
foam, froth, lather
écume *f*, mousse *f*
schiuma *f*, spuma *f*
espuma *f*, mousse *m*
Schaum *m*

495. estação, da
depending on the time of year
selon la saison; saisonnier
di stagione, stagionale
propio de la estación, estacional
von der Jahreszeit abhängig

496. estação *f* **do ano**
season
saison *f*
stagione *f*
estación *f*
Jahreszeit *f*

497. estômago *m*
stomach
estomac *m*
stomaco *m*
estómago *m*
Magen *m*

498. estragão *m*
tarragon
estragon *m*
dragoncello *m*
estragón *m*, dragoncillo *m*
Estragon *m*

499. estufar *v (cozinhar lentamente)*
braise, stew
braiser, dauber
stufare, brasare
estofar, cocer a fuego lento
schmoren

500. esturjão *m*
sturgeon
esturgeon *m*
storione *m*
esturión *m*
Stör *m*

501. evaporar *v*
evaporate
(s') évaporer
(far) evaporare
evaporarse
verdunsten

502. exato
exact, precise
exact, précis
esatto, preciso
exacto, preciso
genau

503. excelente
excellent
excellent
eccellente
excelente
ausgezeichnet

504. experimentar v
try
essayer; goûter
provare, assaggiare
ensayar; gustar, probar
versuchen

505. extrato m
extract
extrait m
estratto m
extracto m
Extrakt m

F

506. faca f
knife
couteau m
coltello m
cuchillo m
Messer n

507. fácil
easy
facile
facile
fácil
leicht

508. faisão m
pheasant
faisan m
fagiano m
faisán m
Fasan m

509. faneca m (peixe)
poor cod
tacaud m
gado m barbato
gado m
Zwergdorsch m

510. farelo m
bran
son m
crusca f
salvado m, afrecho m
Kleie f

511. farinha f
flour
farine f
farina f
harina f
Mehl n

512. farinha f de rosca
breadcrumbs
chapelure f
farina f per impanare; pangrattato m
pan m rallado
Paniermehl n

513. farinha f integral
wholemeal flour
farine f complète
farina f integrale
harina f integral
Vollkornmehl n

514. farinhento
floury, mealy
farineux
farinoso
harinoso
mehlig

515. fatia f
slice
tranche f
fetta f
1. raja f (en gen.); 2. rebanada f (pan); 3. loncha f, lonja f (jamón); 4. tajada f (carne)
Scheibe f

516. fatiar v
cut into slices
découper, couper en tranches
affettare, tagliare a fette
cortar en tiritas
in Scheiben schneiden

517. fava f
broad bean
fève f

favas

fava *f*
haba *f*
Saubohne *f*

518. favas *mpl*
broad beans
fèves *fpl*
fave *fpl*
habas *fpl*
Bohnen *fpl*/dicke

519. fazer *v* **espuma**
foam, froth, lather
mousser
fare schiuma, spumeggiare
espumar
schäumen

520. fazer *v* **um purê**
puree, mash
mettre en purée, réduire en purée
fare una purea
hacer puré
pürieren

521. fazer *v* **(uma) reserva**
reserve, book a table
réserver, retenir une table
riservare, prenotare
reservar
reservieren

522. feira *f* **semanal**
weekly market
marché *m* hebdomadaire
mercato *m* settimanale
mercado *m* semanal
Wochenmarkt *m*

523. fermentar *v*
ferment
fermenter
fermentare; lievitare
fermentar
gären

524. fermento *m*
(brewer's) yeast
levure
lievito
levadura
Germ *m(f)* *(Aut, Bay)*, Hefe *f*

525. ferver *v*
boil, simmer
bouillir
bollire, far bollire, lessare
(hacer) hervir
kochen, sieden

526. fibra *f*
fibre
fibre *f*
fibra *f*
fibra *f*
Faser *f*

527. fibroso
fibrous
fibreux
fibroso
fibroso
faserig

528. fígado *m*
liver
foie *m*
fegato *m*
hígado *m*
Leber *f*

529. fígado *m* **de pato**
duck liver
foie *m* de canard
fegato *m* d'anatra
hígado *m* de pato
Entenleber *f*

530. figo *m*
fig
figue *f*
fico *m*
higo *m*
Feige *f*

531. filé *m*
fillet
filet *m*
filetto *m*
filete *m*, solomillo *m*
Filet *n*

532. filé *m* **suíno**
fillet of pork, loin of pork
filet *m* mignon *(de porc)*
filetto *m* di maiale
filete *m* de cerdo
Schweinefilet *n*

533. filhote *m* **de pato**
duckling
canette *f*, caneton *m*
anatroccola *f*
patito *m*
Jungente *f*

fornecer

534. fino
thin, fine
mince, fin
sottile, fine
fino
dünn, fein

535. firme
firm
ferme
sodo, compatto
firme
fest

536. flambar v
flambé
flamber
flambare, fiammeggiare
flamear
flambieren

537. floco m
flake
flocon m
fiocco m
copo m
Flocke f

538. flor f
flower
fleur f
fiore m
flor m
Blume f

539. focinho m **de porco**
pig's snout
groin m
grugno m di maiale
hocico m de cerdo
Schweinerüssel m

540. fofo
light
léger
soffice
esponjoso, ligero
locker

541. *foie* m *gras*
liver of goose or duck, foie gras
foie m gras *(d'oie ou de canard)*
foie gras m, fegato m d'oca, fegato m d'anatra
fuagrás m
Stopfleber f

542. folga m **semanal**
closing day
fermeture f hebdomadaire
giorno m di riposo
cierre m semanal
Ruhetag m

543. folha f
leaf
feuille f
foglio m
hoja f
Blatt n

544. folhas fpl **de parreira**
wine leaves
feuilles fpl de vigne
foglie fpl di vite
hojas fpl de la vid
Weinblätter npl

545. fome f
hunger
faim f
fame f
hambre f
Hunger m

546. fondant m *(cobertura de açúcar)*
fondant
fondant m
fondant m, fondente m
fondant m
Fondant m, Fondantmasse f

547. forma f
form, mould
forme f *(en gén.)*; moule m *(p. ex. pour flan ou pâtisserie)*
forma f, stampo m
forma f, molde m
Form f

548. fornecedor m
supplier
fournisseur m
fornitore m
proveedor m
Lieferant m

549. fornecer v
deliver, supply
livrer, fournir
fornire
entregar, proveer
liefern

frágil

550. frágil
fragile
fragile
fragile
frágil
zerbrechlich

551. framboesa *f*
raspberry
framboise *f*
lampone *m*
frambuesa *f*
Himbeere *f*

552. frango *m*
chicken; cockerel
coquelet *m*
galletto *m*, polio *m*
polio *m*
Hähnchen *n*

553. frango *m* **assado**
roast chicken
poulet *m* rôti
pollo *m* arrosto
pollo *m* asado
Brathähnchen *n*

554. fresco
fresh, cool
frais
fresco
fresco
frisch, kühl

555. fricassê *m*
fricassee
fricassé *m*
fricassea *f*
fricasé *m*
Frikassee *n*

556. fricassê *m* **de coelho**
rabbit fricassee
gibelotte *m* de lapin
fricassea *f* di coniglio
fricasé *m* de conejo
Kaninchenfrikassee *n*

557. frigideira *f*
pan
poêle *f*
padella *f*
sartén *f*
Pfanne *f*

558. frio
cold
froid
freddo
frio
kalt

559. frios *mpl*
cold slices, assorted sliced meats
charcuterie ou viandes froides en coupe
affettati *mpl (salumi)*
fiambres *mpl* variados
Aufschnitt *m*

560. fritar *v*
deep fry
frire
friggere
freir
frittieren

561. fruta *f*
fruit
fruits *mpl*
frutta *f*
frutas *fpl*
Obst *n*

562. fruta *f* **seca**
dried fruit
fruits *mpl* séchés
frutta *f* secca
frutas *fpl* secas, frutas *fpl* pasas
Dörrobst *n*

563. frutado
fruity
fruité
che sa di frutta, fruttato *(vino)*
con sabor a fruta
fruchtig

564. frutas *fpl* **cítricas**
citrus fruits
agrumes *fpl*
agrumi *mpl*
agrios *mpl*, cítricos *mpl*
Zitrusfrüchte *fpl*

565. frutas *fpl* **cristalizadas**
crystallized fruit
fruits *mpl* confits
canditi *mpl*
frutas *fpl* confitadas, frutas *fpl* escarchadas
Kanditen *pl (Aut)*

566. frutas *fpl* **secas**
dried fruits
fruits *mpl* secs
frutta *f* secca
fruta *f* seca
Trockenfrüchte *fpl*

567. frutas *fpl* **silvestres**
forest berries
fruits *mpl* des bois
frutti *mpl* di bosco
frutas *fpl* silvestres
Waldfrüchte *fpl*

568. fruto *m*
fruit
fruit *m*
frutto *m*
fruta *f*
Frucht *f*

569. frutos *mpl* **do mar**
seafood
fruits *mpl* de mer
frutti *mpl* di mare
mariscos *mpl*
Meeresfrüchte *fpl*

570. frutose *f*
fructose
fructose *m*
fruttosio *m*
fructosa *f*
Fruktose *f*

571. fumaça *f*
smoke
fumée *f*
fumo *m*
humo *m*
Rauch *m*

572. fumar *v*
smoke
fumer
fumare
fumar
rauchen

573. fundo *m* **de alcachofra**
artichoke base
fond *m* d'artichaut
fondo *m* di carciofo
cogollo *m* de alcachofa
Artischockenboden *m*

574. fundo *m* **de torta**
cake base
fond *m* de tarte, abaisse *f*
fondo *m* di torta
fondo *m* de tarta
Kuchenboden *m*

G

575. gado *m* **bovino**
cow
bœuf *m*
manzo *m*
buey *m*
Rind *m*

576. *galette* *f (espécie de tortinha achatada)*
round flat dough cake
galette *f*
focaccia *f*, schiacciata *f*
torta *f*
Fladen *m*

577. galinha *f*
chicken
poule *f*
pollo *m*
gallina *f*
Huhn *n*

578. galinha-d'angola *f*
guinea fowl
pintade *f*
faraona *f*
pintada *f*
Perlhuhn *n*

579. galinhola *f*
snipe, woodcock
bécasse *f*
beccaccia *f*
becada *f*; chocha *f*
Schnepfe *f*

580. galo *m*
cock
coq *m*
gallo *m*
gallo *m*
Hahn *m*

581. ganso *m*
goose
oie *f*

garçom

oca *f*
ganso *m*, oca *f*
Gans *f*

582. garçom *m*
waiter
garçon *m (de café, de restaurant)*, serveur *m*
cameriere *m*
camarero *m*, mozo *m*
Kellner *m*

583. garfo *m*
fork
fourchette *f*
forchetta *f*
tenedor *m*
Gabel *f*

584. garrafa *f*
bottle
boutellie *f*
bottiglia *f*
botella *f*
Flasche *f*

585. garrafa *f* térmica
thermos® *(flask)*
cafetière *f* thermos, thermos® *f*
thermos *m*
cafetera *f* aislante, termo *m*
Thermoskanne® *f*

586. gás, com *(água mineral)*
sparkling *(mineral water)*
gazeuse *(eau minérale)*
gas(s)ato, frizzante *(acqua minerale)*
con gas *(ague mineral)*
mit Kohlensäure *(Mineralwasser)*

587. gás, sem *(água mineral)*
still *(mineral water)*
non gazeuse, plate *(eau minérale)*
non gas(s)ato, naturale *(acqua minerale)*
sin gas *(agua mineral)*
ohne Kohlensäure *(Mineralwasser)*

588. geladeira *f*
refrigerator, fridge
réfrigérateur *m*, frigo *m*
frigorifero *m*, frigo *m*
frigorífico *m*, nevera *f*, refrigerador *m*
Kühlschrank *m*

589. gelatina *f*
jelly
gelée *f*
gelatina *f*
jalea *f*
Gelee *n*

590. geleia *f*
jam
confiture *f*
confettura *f*, marmellata *f*
mermelada *f*, confitura *f*
Konfitüre *f*, Marmelade *f (pop.)*

591. geleia *f* de frutas cítricas
marmalade
marmelade *f*
marmellata *f* di agrumi
mermelada *f*
Marmelade *f (aus Zitrusfrüchten)*

592. gelificar *v*
gel
gélifier
gelificare, gelificarsi; gelatinizzare
glasear
gelieren

593. gema *f* de ovo
egg yolk
jaune *m* d'œuf
tuorlo *m*, rosso *m* d'uovo
yema *f*
Eidotter *m*, Eigelb *n*

594. gengibre *m*
ginger
gingembre *m*
zenzero *m*
jengibre *m*
Ingwer *m*

595. gergelim *m*
sesame
sésame *m*, grains *mpl* de sésame
sesamo *m*
sésamo *m*, ajonjolí *m*
Sesam *m*

596. germe *m*
germ
germe *m*
germe *m*; germoglio *m*
germen *m*
Keim *m*, Keimling *m*

597. ginja *f*
sour cherry
griotte *f*

visciola *f*, amarena *f*
guinda *f*
Sauerkirsche *f*

598. glaçar *v (cobrir com glacê)*
glaze
glacer
glassare
escarchar, glasear
glasieren

599. glacê *m*
glaze
glaçage *m*
glassa *f*
glaseado *m*
Glasur *f*

600. glúten, sem
gluten-free, without gluten
sans gluten
privo di glutine, senza glutine
sin gluten
glutenfrei

601. gordura *f*
fat
gras *m*, graisse *f*, matière *f* grasse
grasso *m*
grasa *f*, graso *m*, cuerpo *m* graso
Fett *n*

602. gorduroso
fat
gras
grasso
graso
fett

603. gorjeta *f*
tip
pourboire *m*
mancia *f*
propina *f*
Trinkgeld *n*

604. gota *f*
drop
goutte *f*
goccia *f*, goccio *m*
gota *f*
Tropfen *m*

605. *gourmet* *m*
gourmet
gourmet *m*
buongustaio *m*
gastrónomo *m*, gourmet *m*
Feinschmecker *m*

606. granadeiro *m (peixe)*
roundnose grenadier
grenadier *m*
pesce *m* granatiere
grenadero *m*
Grenadierfisch *m*

607. granadeiro-azul *m (peixe)*
(blue) grenadier
grenadier *m*
merluzzo *m* granatiere
cola *f* de rata azul
Hoki *m*

608. granulado
granulated
granulé
in granuli, granulato, granuloso, a grani
granulado
gekörnt, körnig

609. grão *m*
corn, grain, rye
grain *m*, graine *f*
chicco *m*; grano *m*
grano *m*
Korn *n*

610. grão-de-bico *m*
chickpeas
pois *mpl* chiches
ceci *mpl*
garbanzos *mpl*
Kichererbsen *fpl*

611. gratinar *v*
brown under the grill, generally with cheese
gratiner
gratinare
gratinar
gratinieren, überbacken, überkrusten

612. grelha *f*
grill
gril *m*
griglia *f*
parrilla *f*
Grill *m*

613. grelhar *v*
roast, grill
rissoler, roussir; griller

groselha

arrostire; tostare; grigliare
chamuscar, asar, tostar
rösten

614. groselha *f*
redcurrant
groseille *f (rouge)*
ribes *m (comune)*
grosella *f*
rote Johannisbeere *f*, Ribisel *n (Aut)*

615. grosso
coarse
gros, grossier
grossolano, grezzo
grosero, grueso
grob

616. grudar *v*
stick
coller
attaccare, appiccicare, incollare
pegar
kleben

617. guardanapo *m*
serviette, napkin
serviette *f*
tovagliolo *m*
servilleta *f*, toalleta *f*
Serviette *f*

618. guisado *m* **de caça**
game stew
civet *m*
stufato *m* di selvaggina
guisado *m* de caza
Wildpfeffer *m*, Wildragout *n*

619. guisado *m* **de carne de vaca**
braised beef
bœuf *m* braisé
stufato *m* di manzo
estofado *m* de buey
Rinderschmorbraten *m*

620. gulache *m*
goulash
goulache *f*, ragoût *m*
gulasch *m*, spezzatino *m*
gulasch *m*, gulás *m*
Gulasch *n(m)*

621. guloseima *f*
sweet, *(AE)* candy
confiserie *f*, sucrerie *f*; friandise *f*
dolciume *m*, caramella *f*

50

dulce *m*, golosina *f*
Süßigkeit *f*

622. gume *m*
edge, blade
tranchant *m*, fil *m*
filo *m (di una lama)*, lama *f*
corte *m*, filo *m*
Schneide *f*

H

623. hadoque *m*
haddock
aiglefin *m*
asinello *m*, eglefino *m*
eglefino *m*, abadejo *m*
Schellfisch *m*

624. halibute *m (peixe)*
halibut
flétan *m*
ippoglosso *m*
fletán *m*
Heilbutt *m*

625. hambúrguer *m* **vegetariano**
veggie burger, vegetable patty
galette rissolée de légumes
hamburger *m* vegetariano
hamburguesa *f* vegetariana
Bratling *m*

626. horário *m* **de funcionamento**
opening times
heures *fpl* d'ouverture
orari *mpl* d'apertura
horas *fpl* de apertura
Öffnungszeiten *fpl*

627. hortaliça *f*
vegetable
légume *m*
verdura *f*
verdura(s) *f(pl)*
Gemüse *n*

628. hortelã *f*
mint, pippermint
menthe *f*
menta *f (piperita)*
hierbabuena *f*, menta *f*
Minze *f*, Pfefferminze *f*

629. hotel *m* **rural**
country inn
auberge *f* campagnarde
albergo *m* di campagna
hostal *m* rural, fonda *f*
Landgasthaus *n*

I

630. iced coffee *m* *(bebida gelada à base de café)*
iced coffee
café *m* liégeois
affogato *m* al caffè
helado *m* "blanco y negro"
Eiskaffee *m*

631. imposto *m*
tax, duty
impôt *m*, taxe *f*
imposta *f*, tassa *f*
impuesto *m*, tasa *f*
Steuer *m*

632. imposto *m* **do valor agregado (IVA)**
value added tax, VAT
taxe *f* à la valeur ajoutée, TVA
imposta *f* sul valore aggiunto, IVA
impuesto *m* sobre el valor añadido, IVA
Mehrwertsteuer, MwSt.

633. indicação da safra, com
indicating the year of production
millésimé
con indicazione dell'annata
con indicación del año de la cosecha
mit Jahrgangsangabe

634. indigesto
indigestible
indigeste
indigesto
indigesto
unverdaulich

635. indispensável
indispensable
indispensable
indispensabile, essenziale
indispensable, imprescindible
unerlässlich

636. ingredientes *mpl*
ingredients
ingrédients *mpl*
ingredienti *mpl*
ingredientes *mpl*
Zutaten *fpl*

637. inquebrável
unbreakable
incassable
infrangibile
irrompible
unzerbrechlich

638. inteiro
whole
entier
intero
entero
ganz

639. intolerância *f* **alimentar**
food intolerance
intolérance *f* alimentaire
intolleranza *f* alimentare
intolerancia *f* alimenticia
Nahrungsmittelunverträglichkeit *f*

640. iogurte *m*
yoghurt
yaourt *m*
yogurt *m*
yogur *m*
Joghurt *m*

J

641. jantar *m*
dinner, supper
dîner *m*, souper *m*
cena *f*
cena *f*
Abendessen *n*

642. jantar *v*
dine, have dinner, have supper
diner
cenare
cenar
zu Abend essen

643. jarra *f*
carafe
carafe *f*
caraffa *f*

jarrete

garrafa *f*
Karaffe *f*

644. jarrete *m*
knuckle
jarret *m*
stinco *m*
jarrete *m*
Hachse *f*

645. jarro *m*
jug, mug, tankard *(beer)*
cruche *f*, pichet *m*
brocca *f*, boccale *m*
jarro *m*, botijo *m*
Krug *m*

646. javali *m*
wild boar
sanglier *m*
cinghiale *m*
jaball *m*
Wildschwein *n*

647. joelho *m* **de porco**
knuckle of pork
jarret *m* de porc
stinco *m* di maiale
pierna *f* de cerdo
Schweinehachse *f*

648. jovem
young
jeune
giovane
1. joven *(en gen.)*; 2. nuevo *(vino)*
jung

K

649. *kosher*
kosher
kasher
cascer, kasher
kosher, kasher
koscher

L

650. lactose, sem
lactose-free
sans lactose
privo di lattosio, senza lattosio

sin lactosa
laktosefrei

651. lagosta *f*
langouste, spiny lobster
langouste *f*
aragosta *f*
langosta *f*
Languste *f*

652. lagostim *m*
king prawn
langoustine *f*
scampo *m*
langostino *m*
Kaisergranat *m (Aut)*; Langustine *f*

653. lâmina *f (de faca)*
blade
lame *f*
lama *f*
hoja *f*
Klinge *f*

654. lâmina *f (fatia fina)*
small slice
lamelle *f*
fettina *f*
laminilla *f*
Scheibchen *n*

655. lampreia *m (peixe)*
lamprey
lamproie *f*
lampreda *f*
lamprea *f*
Lamprette *f*

656. laranja *f*
orange
orange *f*
arancia *f*
naranja *f*
Apfelsine *f*, Orange *f*

657. laranja-de-sevilha *f*
Seville orange
orange *f* amère
arancia *f* amara
naranja *f* amarga
Pomeranze *f*

658. lardear *v*
lard
larder
lardellare, picchettare
mechar
spicken

659. lata f
  tin
  boîte f
  scatola f; lattina f
  lata f
  Dose f

660. laticínio m
  dairy product, milk product
  produit m laitier, laitage m
  latticino m
  producto m lácteo
  Milchiprodukt n

661. lavagante m *(espécie de lagosta)*
  lobster
  homard m
  omaro m, astice m
  bogavante m
  Hummer m

662. lavanda f
  lavender; finger bowl
  lavande f; rince-doigts m
  lavanda f; sciacquadita m, lavadita m
  lavanda f; lavamanos
  Lavendel m; Fingerschale f

663. lavar v
  wash
  laver
  lavare
  lavar
  waschen

664. lebre f
  hare
  lièvre m
  lepre f
  liebre f
  Feldhase m, Hase m

665. leguminosas fpl
  pulses
  légumes mpl secs
  legumi mpl
  legumbres fpl
  Hülsenfrüchte fpl

666. leitão m
  piglet, sucking pig
  goret m, porcelet m, cochon m de lait
  maialino m, porcellino m *(da latte)*
  lechón m, cochinillo m
  Jungschwein n, Spanferkel n

667. leitão m **de javali**
  young wild boar
  marcassin m
  cinghialetto m
  jabato m
  Frischling m

668. leite m
  milk
  lait m
  latte m
  leche f
  Milch f

669. leite m **condensado**
  condensed milk, evaporated milk
  lait m concentré
  latte m condensato
  leche f condensada
  Kondensmilch f

670. leite m **de soja**
  soya milk
  soja m à boire
  latte m di soia
  leche f de soja
  Sojamilch f

671. leite m **desnatado**
  skimmed milk, low-fat milk
  lait m maigre, lait m écrémé
  latte m magro
  leche f desnatada
  Magermilch f

672. leite m **em pó**
  milk powder
  lait m en poudre
  latte m in polvere
  leche f en polvo
  Milchipulver n

673. leite m **fermentado**
  sour milk
  lait m battu, lait m ribot; lait m tourné
  latte m acido, latte m rappreso
  leche f agria, cuajada f
  Dickmilch f, Sauermilch f

674. leite m **integral**
  full cream milk
  lait m entier
  latte m intero
  leche f sin desnatar, leche f entera
  Vollmilch f

675. leite m **longa-vida**
  long-life milk, UHT milk
  lait m de longue conservation, lait m UHT

leitelho

latte *m* a lunga conservazione
leche *f* uperizada
H-Milch *f*

676. leitelho *m*
buttermilk
babeurre *m*
latticello *m*
leche *f* de manteca, suero *m* de mantequilla, suero *m* de manteca
Buttermilch *f*

677. lentilhas *fpl*
lentils
lentilles *fpl*
lenticchie *fpl*
lentejas *fpl*
Linsen *fpl*

678. levístico *m* (tipo de erva)
lovage
livèche *f*
levistico *m*, sedano *m* di monte
apio *m* de montaña
Liebstöckel *n(m)*

679. licor *m*
liqueur
liqueur *f*
liquore *m*
licor *m*
Likör *m*

680. lima *f*
(sour) lime
citron *m* vert, limette *f*
limetta *f*
lima *f*
Limette *f*

681. limão *m* (tahiti)
lime
limon *m*
limetta *f*
lima *f*
Limone *f*

682. limão *m* (siciliano, amarelo)
lemon
citron *m*
limone *m*
limón *m*
Zitrone *f*

683. limpar *v*
clean
nettoyer
pulire
pelar; mondar; limpiar
putzen, reinigen

684. limpeza *f*
cleaning
nettoyage *m*
pulitura *f*
limpiado *m*, limpieza *f*
Reinigung *f*

685. limpo
clean
propre
pulito
limpio
sauber

686. língua *f*
tongue
langue *f*
lingua *f*
lengua *f*
Zunge *f*

687 linguado *m*
sole
sole *f*
sogliola *f*
lenguado *m*
Seezunge *f*

688. líquido
liquid
liquide
liquido
fluido, líquido
flüssig

689. liso
smooth, even
lisse
liscio
liso
glatt

690. litro *m*
litre
litre *m*
litro *m*
litro *m*
Liter *m*

691. lombo *m* assado
piece of loin
aloyau *m* (bœuf), longe *f* (veau, chevreuil)

lombata *f*
1. solomillo *m* (vaca), 2. lomo *m* asado (ternera, corzo)
Lendenbraten *m*, Lendenstück *n*

692. lombo *m* de vaca
sirloin, beef tenderloin
filet *m* de bœuf
lombata *f* di manzo
filete *m* de vaca
Rinderlende *f*

693. lombo *m* de vitela assado *(com os rins)*
rolled and roast loin of veal
rognonnade *f*, longe *f* de veau *(avec rognon)*
arrosto *m* di vitello con rognoni
lomo *m* de ternera *(con los riñones)*
Kalbsnierenbraten *m*

694. longana *f* *(fruta)*
longan fruit
longane *f*
longan *m*
longan *m*
Longan(frucht) *f*

695. louça *f*
crockery
vaisselle *f*
stoviglie *fpl*, piatti *mpl*
vajilla *f*
Geschirr *n*

696. louro *m*
laurel
laurier *m*
alloro *m*
laurel *m*
Lorbeer *m*

697. lúcio *m* *(peixe)*
pike
brochet *m*
luccio *m*
lucio *m*
Hecht *m*

698. lúcio-perca *m*
pike(-)perch
sandre *m*
luc(c)ioperca *m*
lucioperca *f*
Hechtbarsch *m (Aut)*, Zander *m*

699. lula *f*
squid, octopus
cal(a)mar *m*, encornet *m*, chipiron *m*, seiche *f*, poulpe *f*
calamaro *m*, seppia *f*
calamar *m*, chipirón *m*, pulpo *m*, sepia *f*
Kalmar *m*, Tintenfisch *m*

M

700. maçã *f*
apple
pomme *f*
mela *f*
manzana *f*
Apfel *m*

701. maçã *f* assada
baked apple
pomme *f* au four
mela *f* al forno
manzana *f* asada al horno
Bratapfel *m*

702. macarrão *m*
noodle
nouille *f (en gén.)*
pasta *f*
pasta *f*, tallarín *m*
Nudel *f*

703. macedônia *f* de legumes
mixed vegetables
macédoine *f (de légumes)*
verdura *f* mista
menestra *f* de verdura
Mischgemüse *n*

704. macio
tender, soft
tendre, moelleux, mou
molle, tenero
blando, muelle
mürb

705. macrobiótico
macrobiotic
macrobiotique
macrobiotico
macrobiótico
makrobiotisch

madureza

706. madureza *f*
ripeness *(fruit)*, maturity *(wine)*
maturité *f*
maturità *f*
madurez *f*
Reife *f*

707. maduro
ripe; mature *(wine)*
mûr
maturo
maduro
reif

708. magro *(sem gordura)*
low-fat
allégé *(produits laitiers)*; maigre *(viandes, charcuterie)*
povero di grassi, magro
ligero, desengrasado, magro
fettarm, mager

709. *maître* *m*
head waiter
chef *m* de rang
capocameriere *m*
jefe *m* de comedor
Oberkellner *m*

710. malpassada *(carne)*
rare
saignant, bleu
al sangue
sangriento, vuelta y vuelta
blutig

711. malte *m*
malt
malt *m*
malto *m*
malta *f*
Malz *n*

712. manga *f*
mango
mangue *f*
mango *m*
mango *m*
Mango(frucht) *f*

713. manjericão *m*
basil
basilic *m*
basilica *m*
albahaca *f*
Basilikum *n*

714. manjerona *f*
marjoram
marjolaine *f*, origan *m*
maggiorana *f*
mejorana *f*
Majoran *m*

715. manteiga *f*
butter
beurre *m*
burro *m*
mantequilla *f*
Anken *m (CH)*, Butter *f*

716. mão *f*
hand
main *m*
mano *f*
mano *f*
Hand *f*

717. mar *m*
sea
mer *f*
mare *m*
mar *m*
Meer *n*

718. marinada *f*
marinade
marinade *f*
marinata *f*
salsa *f* de adobo, escabeche *m*, marinada *f*
Beize *f*, Marinade *f*

719. marinada caseira, em
home marinated
mariné à la maison
marinato in casa
(comida casera) 1. en escabeche *(pescado)*; 2. adobado *(carne)*
hausgebeizt

720. marinar *v*
marinate
mariner
marinare
adobar *(carne)*, escabechar *(pescado)*
beizen, marinieren

721. marmelo *m*
quince
coing *m*
cotogna *f*, mela *f* cotogna
membrillo *m*
Kido *f (Aut)*, Quitte *f*

menu-degustação

722. maruca-azul f *(peixe)*
blue ling
lingue f *(bleue)*
molva f
maruca f azul
Blauleng m

723. marzipã m
marzipan
massepain m, pâte f d'amandes
marzapane m, pasta f di mandorle
mazapán m, pasta f de almendras
Marzipan n

724. massa f *(de bolo, torta, pão)*
dough
pâte f
pasta f
masa f
Teig m

725. massa f ***choux*** *(massa de bomba)*
choux pastry
pâte f à chou
impasto m per bignè
pasta f lionesa, pasta f de petisú
Brandteig m

726. massa f **folhada**
flaky, puff pastry
pâte f feuilletée
pasta f sfoglia
hojaldre m
Blätterteig m

727. massa f **podre**
short crust pastry
pâte f brisée, pâte f sablée
pasta f frolla
masa f quebrada
Mürbeteig m

728. massas fpl **alimentícias**
pasta
pâtes fpl *(alimentaires)*
pasta f *(alimentare)*
pastas fpl *(alimenticias)*
Teigwaren fpl

729. maturar v, **deixar** *(carne)*
(let) hang *(meat)*
(faire) rassir *(viande)*
(lasciar) frollare *(la carne)*
(dejar) madurar *(carne)*
abhängen (lassen)

730. medalhão m **de vitela**
veal medallion
médaillon m, mignon m de veau
medaglione m di vitello
medallón m de ternera
Kalbsmedaillon n

731. medir v
measure
mesurer
misurare
medir
messen

732. meio quilo m
pound
livre f
mezzo chilo m
libra f, medio kilo m
Pfund n

733. mel m
honey
miel m
miele m
miel f
Honig m

734. melancia f
water melon
pastèque f
anguria f, cocomero m
sandía f
Wassermelone f

735. melão m
melon
melon m
melone m
melón m
Melone f

736. melão-pepino m
pear melon, sweet cucumber
poire f melon
melone m pepino
pepino m dulce
Pepino f

737. menu-degustação m
tasting menu
menu m dégustation
menu m degustazione
menú m (de) degustación
Probiermenü n

menu do dia

738. menu *m* **do dia**
(set) menu of the day
carte *f* du jour, menu *m* du jour
menu *m* del giorno
menú *m* del día
Tageskarte *f*, Tagesmenü *n*

739. menu *m* **turístico**
tourist menu, set meal for tourists
menu *m* touristique
menu *m* turistico
menú *m* turístico
Touristenmenü *n*

740. mercado *m*
market
marché *m*
mercato *m*
mercado *m*
Markt *m*

741. merengue *m*
meringue
meringue *f*
meringa *f*
merengue *m*
Baiser *n (Aut, reg. D)*, Meringe *f*

742. merluza *f*
hake
merlu *m*, colin *m*, merluche *f*
nasello *m*
merluza *f*
Hechtdorsch *m*, Seehecht *m*

743. mesa *f*
table
table *f*
tavolo *m*
mesa *f*
Tisch *m*

744. metade *f*
half
moitié *f*
metà *f*
mitad *f*
Hälfte *f*

745. mexer *v*
stir
remuer, brasser, tourner
rimestare, mescolare, girare
revolver
rühren, umrühren

746. mexilhões *mpl*
mussels
moules *fpl*
mitili *mpl*, cozze *fpl*
mejillones *mpl*
Miesmuscheln *fpl*

747. migalha *f*
crumb
miette *f*
briciolina *f*
miga *f*, migaja *f*
Krümel *m*

748. milho *m*
maize, *(AE)* corn
maïs *m*
mais *m*, granoturco *m*
maíz *m*
Kukuruz *m (Aut)*, Mais *m*

749. mingau *m*
groats
bouillie de céréales égrugées
tritello *m*
papilla a base de cereales
Grütze *f*

750. minivagem *f*
young green bean pod
jeune haricot vert
fagiolino *m*
pequeñas judías verdes
Fisole *f (Aut)*

751. miolo *m (cérebro)*
brain
cervelle *f*
cervella *f*
sesos *mpl*
Hirn *n*

752. mirabela *f (espécie de ameixa)*
mirabelle
mirabelle *f*
mirabella *f*
ciruela *f* mirabel, ciruela *f* amarilla
Mirabelle *f*

753. mirtilo *m*
bilberry, blueberry
myrtille *f*
mirtillo *m* nero
arándano *m*, mirtillo *m*
Blaubeere *f*, Heidelbeere *f*

754. misto
mixed
mélangé
misto
mezclado, mixto
gemischt

755. misturar v
mix, blend
mélanger, mêler
mescolare, mischiare
mezclar
mischen

756. miúdos mpl
giblets
abats mpl
interiora fpl
tripas fpl, menudillos mpl
Innereien fpl

757. miúdos mpl de frango
chicken giblets (and trimmings)
abattis m (de volailles)
rigaglie fpl di pollo
menudillos mpl, menudos mpl de ave
Hühnerjunges n (Aut), Hühnerklein n

758. moedor m de pimenta
pepper mill
moulin m à poivre
macinino m per il pepe, macinapepe m
molinillo m de pimienta
Pfeffermühle f

759. moer v
mince
hacher menu
tritare
picar
faschieren (Aut)

760. mofar v
go mouldy
moisir
ammuffire
enmohecer
schimmeln

761. mofo m
mould
moisissure f
muffa f
moho m
Schimmel m

762. moído
ground
moulu
macinato
molido; en polvo
gemahlen

763. mole
soft, tender (meat, egg)
tendre, moelleux, mou
morbido, molle, tenero
1. blando; 2. muelle
weich

764. moleja f (glândula carnosa de vitelo ou cordeiro)
sweetbreads
ris m
animella f
mollejas fpl
Bries n

765. molheira f
sauceboat, gravy boat
saucière f
salsiera f
salsera f
Soßenschüssel f

766. molho m
sauce
sauce f
salsa f
salsa f
Soße f

767. molho m branco
white butter sauce
beurre m blanc (sauce)
salsa f bianca (fatta col burro)
mantequilla f blanca
weiße Buttersoße f

768. molho m de soja
soya sauce
sauce f (de) soja
salsa f di soia
salsa f de soja
Sojasoße f

769. molho m de tomate
tomato sauce
sauce f tomate, coulis m de tomate
salsa f di pomodoro
salsa f de tomate
Tomatensoße f

molho para salada

770. molho *m* para salada
salad sauce
sauce *f* de salade
salsa *f* per insalata
salsa *f* para ensalada
Salatsoße *f*

771. molusco *m*
shellfish
coquillage *m*
mollusco *m* conchifero
molusco *m*
Schalentier *n*

772. morango *m*
strawberry
fraise *f*
fragola *f*
fresa *f*
Erdbeere *f*

773. morcela *f*
black pudding
boudin *m* *(noir)*
sanguinaccio *m*
morcilla *f*
Blutwurst *f*

774. morno
lukewarm
tiède
tiepido
tibio, templado
lauwarm

775. mostarda *f*
mustard
moutarde *f*
senape *f*, mostarda *f*
mostaza *f*
Senf *m*

776. muflão *m* *(tipo de carneiro)*
mouf(f)lon
mouflon *m*
muflone *m*
muflón *m*
Muffelwild *n*, Mufflon *n*

777. muito
much, many
beaucoup
molto, tanto
mucho
viel

778. músculo *m* com osso *(para sopas e ensopados)*
slice of the knuckle from beef, with a part of bone
tranche *f* de jarret de bœuf avec os
fetta *f* spessa del garretto di manzo con osso
loncha *f* de jarrete con hueso
Beinscheibe *f*

N

779. nabo *m*
beet, turnip
rave *f*, betterave *f*
rapa *f*
naba *f*, remolacha *f*
Rübe *f*

780. natural
natural
naturel
naturale
natural
natürlich

781. navalha *f* *(tipo de molusco)*
razor-clam
couteau *m*
cappalunga *f*
muergo *m*; longueirón *m* *(en Galicia)*
Messerscheide *f*

782. necessário
necessary
nécessaire
necessario
necesario
nötig, notwendig

783. nectarina *f*
nectarine
brugnon *m*
pesca *f* noce
nectarina *f*
Nektarine *f*

784. nêspera *f*
medlar
nèfle *f*
nespola *f*
níspero *m*
Mispel *f*

ovas de peixe

785. nocivo
harmful
nocif
dannoso, nocivo
nocivo
schädlich

786. nota *f* **fiscal**
bill, invoice
facture *f*
factura *f*
factura *f*
Rechnung *f*

787. noz *f*
walnut, nut
noix *f*
noce *f*
nuez *f*
Baumnuss *f (Aut, CH)*, Nuss *f*

788. noz-moscada *f*
nutmeg
noix *f* de muscade
noce *f* moscata
nuez *f* moscada
Muskatnuss *f*

O

789. obrigado(a)
thank you, (many) thanks
merci
grazie
gracias
danke

790. óleo *m*
oil
hulle *f*
olio *m*
aceite *m*
Öl *n*

791. óleo *m* **de girassol**
sunflower oil
huile *f* de tournesol
olio *m* di semi di girasole
aceite *m* de girasol
Sonnenblumenöl *n*

792. oleoso
oily
huileux
oleoso
aceitoso
ölig

793. omelete *m/f*
omelette
omelette *f*
omelette *f*; frittata *f*
tortilla *f* francesa
Omelett *n*, Omelette *f*

794. orégano *m*
marjoram, oregano
origan *m*
origano *m*
orégano *m*
Oregano *m*

795. orelha *f*
ear
oreille *f*
orecchio *m*
oreja *f*
Ohr *n*

796. orgânico
biological; organic; organically-grown
biologique; …issu de l'agriculture biologique
biológico; (proveniente) da colture biologiche
biológico; de cultivo biológico
biologisch; aus biologischem Anbau

797. osso *m*
bone
os *m*
osso *m*
hueso *m*
Knochen *m*

798. ostra *f*
oyster
huître *f*
ostrica *f*
ostra *f*
Auster *f*

799. ouriço-do-mar *m*
sea urchin
oursin *m*
riccio *m* di mare
erizo *m* de mar
Seeigel *m*

800. ovas *fpl* **de peixe**
roe
œufs *mpl* de poisson

ovelha

uova *fpl* di pesce
huevas *mpl* de pez
Rogen *m*

801. ovelha *f*
sheep
brebis *f*
pecora *f*
oveja *f*
Schaf *n*

802. ovo *m*
egg
œuf *m*
uovo *m*
huevo *m*
Ei *n*

803. ovo *m* **estrelado**
fried egg
œuf *m* sur le plat
uovo *m* all'occhio di bue, uovo *m* al tegamino
huevo *m* al plato, huevo *m* estrellado
Spiegelei *n*

804. ovo *m* **quente**
soft boiled egg
œuf *m* à la coque
uovo *m* alla coque
huevo *m* pasado por agua
weiches Ei *n*

805. ovos *mpl* **mexidos**
scrambled eggs
œufs *mpl* brouillés
uova *fpl* strapazzate
huevos *mpl* revueltos
Eierspeis *f (Aut)*, Rührei *n*

806. oxicoco *m*
cranberry
airelle *f*
mirtillo *m* rosso
arándano *m* rojo
Preiselbeere *f*

P

807. pagar *v*
pay
payer
pagare
pagar
zahlen

808. painço *m*
millet
(blé) millet *m*
miglio *m*
mijo *m*
Hirse *f*

809. palato *m* **de boi**
ox-cheek
palais *m* de bœuf, museau *m* de bœuf
musello *m* di bue
morro *m* de vaca, morro *m* de buey
Ochsengaumen *m*, Ochsenmaul *n*

810. paleta *f*
shoulder *(game, beef, pork)*
1. épaule *f (en gén., gibier)*;
2. macreuse *f (bœuf)*; 3. palette *f (porc)*
spalla *f*; paletta *f (di selvaggina)*
1. hombro *m (en gen.)*; 2. espalda *f (vaca)*; 3. espaldilla *f (cerdo)*;
brazuelo *m (caza)*
Blatt *n*; Schulter *f*

811. palito *m* **de dente**
toothpick
cure-dents *m*
stuzzicadenti *m*
palillo *m*
Zahnstocher *m*

812. palito *m* **de fósforo**
match
allumette *f*
fiammifero *m*
cerilla *m*, fósforo *m*
Streichholz *n*

813. palmito *m*
heart of palm
cœur *m* de palmier
cuore *m* di palma
corazón *m* de palmera; palmito *m*
Palmenherz *n*

814. panela *f*
pot, saucepan
pot *m*, casserole *f*
pentola *f*, casseruola *f*
cacharro *m*, cacerola *f*, pote *m*
Topf *m*

815. panelada, uma
a panful
une poêlée
una padellata

una sartenada
eine Pfanne voll

816. panqueca f
pancake
crêpe f
crespella f, crêpe f
crepe f
Pfannkuchen m

817. pão m
bread
pain m
pane m
pan m
Brot n

818. pão m **de forma**
sliced bread for toasting
pain m de mie
pane m in cassetta
pan m de molde
Toastbrot n

819. pão de ló m
sponge cake
génoise f
dolce morbido tipo pan di Spagna
bizcocho m
Tortenbiskuit n

820. pão m **integral**
wholemeal bread
pain m complet
pane m integrale
pan m integral
Vollkornbrot n

821. pão m **levedado**
varieties of bread made from yeast dough
brioche f, pain m brioché
pane m lievitato
pan m de brioche
Hefebrot n

822. pão m **redondo**
loaf
miche f
pagnotta f
hogaza f
Laib m

823. pão m **rústico**
coarse (brown) bread
pain m de campagne
pane m casereccio
pan m de payés
Bauernbrot n

824. pãozinho m
bread roll
petit pain m
panino m
panecillo m
Brötchen n

825. papel-manteiga m
greaseproof paper
papier m parcheminé
carta f pergamena
papel m pergamino
Pergamentpapier n

826. papoula f
poppy
pavot m
papavero m
adormidera f
Mohn m

827. páprica f
pepper
paprika m
paprica f
pimentón m
Paprika m

828. par m
pair
paire f
paio m
par m
Paar n

829. pargo m
snapper
vivaneau m
lutiano m
pargo m colorado
Schnapper(fisch) m

830. parte f
part
part f, partie f
parte f
parte f
Teil m

831. pasteurizar v
pasteurize
pasteuriser
pastorizzare
pastorizar
pasteurisieren

pastinaca

832. pastinaca f *(tipo de raiz comestível)*
parsnip
panais *m*
pastinaca *f*
pastinaca *f*, chirivía *f*
Pasternak *m*, Pastinake *f*

833. patê *m*
pâté; potted meat
pâté *m*; terrine *f* *(de viande, etc.)*
pâté *m*, pasticcio *m*
paté *m*
Pastete *f*

834. patê *m* **de fígado**
liver pâté
pâté *m* de foie
pâté *m* di fegato
paté *m* de hígado
Leberpastete *f*

835. patê *m* **de** *foie gras*
pâté de foie gras *(of goose)*
pâté *m* de foie gras *(d'oie)*
pâté *m* di fegato d'oca
paté *m* de fuagrás *(de ganso)*, fuagrás *m* *(de ganso)*
Gänseleberpastete *f*

836. pato *m*
duck
canard *m*
anatra *f*
pato *m*
Ente *f*

837. pato *m* **selvagem**
wild duck
canard *m* sauvage, canard *m* de barbarie
anatra *f* selvatica
pato *m* silvestre, pato *m* salvaje
Wildente *f*

838. pé *m* **de porco**
pig's trotter
pied *m* de porc
zampetto *m* di maiale
pie *m* de cerdo
Schweinsfuß *m*

839. pedaço *m*
piece
pièce *f*, morceau *m*
pezzo *m*
pedazo *m*, pieza *f*, trozo *m*
Stück *n*

840. pedido *m*
order
commande *f*
ordinazione *f*
pedido *m*
Bestellung *f*

841. pedir *v*
order, reserve, book
commander
ordinare
pedir
bestellen

842. peito *m*
breast
poitrine *f* *(en gén.)*
petto *m*
pecho *m* *(en gen.)*, pechuga *f* *(de ave)*
Brust *f*

843. peito *m* **de pato**
breast of duck
magret *m* *(de canard)*
petto *m* d'anatra, filetto *m* d'anatra
magret *m* de pato
Entenbrust *f*

844. peito *m* **de vitela** *(recheado)*
(stuffed) veal breast
poitrine *f* de veau *(farcie)*
cima *f* alla genovese *(punta di petto di vitello farcita)*
pecho *m* de ternera *(relleno)*
(gefüllte) Kalbsbrust *f*

845. peixe *m*
fish
poisson *m*
pesce *m*
pez *m*, pescado *m*
Fisch *m*

846. peixe-agulha *m*
garpike
orphie *f*
aguglia *f*
aguia *f*, espetón *m*
Hornhecht *m*

847. peixe *m* **defumado**
smoked fish
poisson *m* fumé
pesce *m* affumicato

pescado *m* ahumado
Räucherfisch *m*

848. peixe-espada *m*
swordfish
espadon *m*
pesce *m* spada
pez *m* espada
Schwertfisch *m*

849. peixe-galo *m*
gurnard
grondin *m*
cappone *m*, gallinella *f*
lluerna *f*
Knurrhahn *m*

850. peixe-lobo *m*
Atlantic wolffish
loup *m* marin
1. lupo *m* di mare; 2. cobite *m* comune
perro *m*, locha *f*
Steinbeißer *m*

851. peixe-pescador *m*
monkfish, anglerfish
lotte *f*, baudroie *f*
rana *f* pescatrice, lofio *m*
rape *m*
Seeteufel *m*

852. pele *f*
skin
peau *f*
pelle *f*
piel *f*
Haut *f*

853. pepino *m*
cucumber
concombre *m*
cetriolo *m*
pepino *m*
Gurke *f*

854. pepino *m* **em conserva**
pickled gherkin
cornichon *m*
cetriolo *m* sott'aceto
pepinillo *m* en vinagre y especias
Gewürzgurke *f*

855. pera *f*
pear
poire *f*
pera *f*
pera *f*
Birne *f*

856. perca *f*
perch
perche *f*
pesce *m* persico
perca *f*
Barsch *m*, Eglifisch *m*

857. perca-do-nilo *f*
Nile perch
perche *f* du Nil
persico *m* del Nilo
perca *f* del Nilo
Viktoria(see)barsch *m*

858. perder *v*
lose
perdre
perdere
perder
verlieren

859. perdiz *f*
partridge
perdrix *f*
starna *f*, pernice *f* grigia
perdiz *f*
Rebhuhn *n*

860. perecível
perishable
périssable
deperibile
perecedero
verderblich

861. perecível, não
keeps well
de bonne conservation
conservabile
duradero, resistente
haltbar

862. perfume *m*
smell, fragrance
parfum *m*
profumo *m*; fragranza *f*
aroma *m*, perfume *m*
Duft *m*

863. pernil *m*
leg *(beef, mutton, lamb etc.)*
cuisse *f (bœuf)*; cuisseau *m (veau)*; gigot *m (agneau, mouton)*; cuissot *m (gibier)*

pernil de vitela 66

coscia f (di bue); cosciotto m (di vitello, di montone, d'agnello, di selvaggina grossa)
pierna f; pata f; pernil (de caza mayor)
Keule f

864. pernil m de vitela
leg of veal
cuisseau m (de veau)
coscia f di vitello
pierna f, cuarto m trasero (ternera)
Kalbskeule f

865. peru m
turkey (cock)
dindon m
tacchino m
pavo m
Truthahn m

866. perua f
turkey (hen)
dinde f
tacchino m
pava f, pavo m
Pute f

867. pesado
heavy
lourd
pesante
pesado
schwer

868. pesar v
weigh
peser
pesare
pesar
wiegen

869. pescador m
fisherman, angler
pêcheur m
pescatore m
pescador m
Fischer m

870. pescar v
fish
pêcher
pescare
pescar
fischen

871. pescoço m
neck
1. cou m (en gén.); 2. collier m (beauf, veau, mouton); 3. échine f (porc)
1. collo m; 2. giovarro m (bue, vitello, montone); 3. lombata f (maiale)
cuello m
Hals m

872. peso m
weight
poids m
peso m
peso m
Gewicht n

873. pêssego m
peach
pêche f
pesca f
melocotón m
Pfirsich m

874. picadinho m
(meat) cut into thin strips
émincé m (en gén. viande)
carne tagliata a striscioline
lonchas fpl de carne
Geschnetzeltes n

875. picante
spicy, hot
piquant, corsé, relevé, épicé, fort
forte, piccante
fuerte, picante
pikant, scharf

876. picar v
chop
hacher
tritare
picar
zerkleinern

877. pimenta f
pepper
poivre m
pepe m
pimienta f
Pfeffer m

878. pimenta-vermelha f
chil(l)i
piment m
peperone m
pimiento m
Pfefferschote f

879. pimentão *m*
pepper
poivron *m*
peperone *m*
pimiento *m* morrón
Paprikaschote *f*

880. pimenteiro *m*
(BE) pepper pot, *(AE)* pepper shaker
poivrier *m*
pepiera *f*
pimentero *m*
Pfefferstreuer *m*

881. pinça *m* **para *escargot***
snail tongs
pince *f* à escargots
pinza *f* per lumache
pinzas *fpl* para caracoles
Schneckenzange *f*

882. pinhões *mpl*
pine nuts
pignons *mpl*
pinoli *mpl*
piñones *mpl*
Pinienkerne *mpl*

883. pires *m*
saucer
soucoupe *f*
piattino *m*, sottocoppa *m*
platillo *m (de la taza)*
Untertasse *f*

884. pistache *m*
pistachio
pistache *f*
pistacchio *m*
alfóncigo *m*, pistacho *m*
Pistazie *f*

885. pitada *f*
pinch
pincée *f*
pizzico *m*, presa *f*
pizca *f*
Prise *f*

886. pó *m*
powder
poudre *f*
polvere *f*
polvo *m*
Pulver *n*

887. polarda *f (galinha gorda)*
fat chicken
poularde *f*
pollo *m* da ingrasso
polla *f* cebada, pularda *f*
Masthuhn *n*, Poularde *f*

888. polpa *f* **de fruta**
fruit pulp, fruit flesh
pulpe *f*
polpa *f (del frutto)*
pulpa *f*
Fruchtfleisch *n*

889. polpa *f* **de tomate**
tomato puree
concentré *m* de tomate
concentrato *m* di pomodoro
concentrado *m* de tomate
Tomatenmark *n*

890. poltrona *f*
armchair
fauteuil *m*
poltrona *f*
butaca *f*, sillón *m*
Sessel *m*

891. polvo *m*
octopus
poulpe *f*
polpo *m*
calamar *m*, pulpo *m*
Krake *f*

892. pomba *f*
pigeon
pigeon *m*
piccione *m*, colomba *f*
paloma *f*, pichón *m*
Taube *f*

893. pomba *f* **silvestre**
wood pigeon
pigeon *m* ramier, ramier *m*
colombaccio *m*
paloma *f* silvestre
Ringeltaube *f*

894. ponta *f (extremidade de um assado, queijo, pão)*
end piece, crust *(bread)*
talon *m (rôti, fromage)*
ultimo pezzo *m*
extremo *m (asado, queso)*
Endstück *n*

pontas de aspargo

895. pontas *fpl* **de aspargo**
asparagus tips
pointes *fpl* d'asperges
punte *fpl* di asparagi
cabezas *fpl* de espárrago
Spargelspitzen *fpl*

896. ponto, ao *(carne)*
cooked, done
(cuit) à point
a puntino, al punto giusto *(cotto)*
(cocido) en su punto
gar

897. por favor
please
s'il vous plaît
per favore
por favor
bitte

898. pôr *v* **a mesa**
lay the table
mettre la table
apparecchiare la tavola
poner la mesa
den Tisch decken

899. porção *f*
portion
portion *f*
porzione *f*
ración *f*
Portion *f*

900. porcelana *f*
porcelain
porcelaine *f*
porcellana *f*
porcelana *f*
Porzellan *n*

901. porco *m*
pig *(animal)*; pork *(meat)*
cochon *m*; porc *m* *(chair)*
maiale *m*
cerdo *m*, puerco *m*
Schwein *n*

902. porta-ovo *m*
egg cup
coquetier *m*
portauovo *m*
huevera *f*, huevero *m*
Eierbecher *m*

903. pouco
little, not much
peu
poco
poco
wenig

904. prato *m* *(comida)*
course *(part of meal)*; dish
plat *m*, mets *m*
portata *f*, piatto *m*, pietanza *f*
plato *m*, comida *f*, manjar *m*
Gang *(einzelnes Gericht einer Speisenfolge)*; Gericht *n*, Speise *f*

905. prato *m* *(objeto)*
plate
assiette *f*
piatto *m*
plato *m*
Teller *m*

906. prato *m* **do dia**
dish of the day
plat *m* du jour
piatto *m* del giorno
plato *m* del día
Tagesgericht *n*

907. prato *m* **principal**
main course
plat *m* principal
piatto *m* principale
plato *m* principal
Hauptgang *m*, Hauptgericht *n*

908. pré-assado, pré-cozido
pre-baked, pre-cooked
précuit
precotto
precocinado
vorgebacken, vorgekocht

909. precisar *v*
need, require *sthg*
avoir besoin de *qqch*
aver bisogno di *qc*
necesitar
brauchen *etw.*

910. preço *m*
price
prix *m*
prezzo *m*
precio *m*
Preis *m*

911. preço *m* fechado
all-inclusive price
prix *m* forfaitaire
prezzo *m* forfet(t)ario
precio *m* global
Pauschalpreis *m*

912. preço, tudo incluído no
all included *(in the price)*
tout compris
tutto compreso
todo está incluido en el precio
alles im Preis inbegriffen

913. pregado *m* *(peixe)*
turbot
turbot *m*
rombo *m* chiodato
rodaballo *m*
Steinbutt *m*

914. preparar *v*
prepare
préparer
preparare
aderezar, preparar
vorbereiten, zubereiten

915. presunto *m*
ham
jambon *m*
prosciutto *m*
jamón *m*
Schinken *m*

916. presunto *m* assado
baked ham
jambon *m* braisé
prosciutto *m* brasato
jamón *m* braseado
Backschinken *m*

917. presunto *m* cozido
cooked ham
jambon *m* blanc
prosciutto *m* cotto
jamón *m* cocido, jamón *m* de York
Kochschinken *m*

918. presunto *m* cru
raw ham
jambon *m* cru
prosciutto *m* crudo
jamón *m* crudo
Rohschinken *m*

919. presunto *m* defumado
smoked ham
jambon *m* fumé
prosciutto *m* affumicato
jamón *m* ahumado
Räucherschinken *m*

920. preto
black
noir
nero
negro
schwarz

921. *pretzel* *m* *(espécie de rosca em formato de laço)*
pretzel
bretzel *f*
bretzel *m*
brezel *m*
Brezel *f*, Brezen *f (Aut)*

922. procedência *f*
origin
origine *f*, provenance *f*
provenienza *f*, origine *f*
origen *m*
Herkunft *f*

923. produção *f*
production
production *f*, fabrication *f*
produzione *f*, fabbricazione *f*
fabricación *f*, producción *f*
Herstellung *f*

924. produto *m*
product
produit *m*
prodotto *m*
producto *m*
Erzeugnis *n*

925. pronto
ready
prêt
pronto
listo, preparado
fertig

926. protegido
protected
protégé
protetto
protegido
geschützt

pudim

927. pudim *m*
pudding
flan *m*, crème *f* renversée
budino *m*
budin *m*, pudín *m*, flan *m*
Pudding *m*

928. pulmão *m*
lung
poumon *m*, mou *m*
polmone *m*
pulmón *m*, bofe *m*
Lunge *f*

929. punhado de, um
a handful of
une poignée de
un pugno di
un puñado de
eine Hand voll

930. purê *m*
mash, paste, puree
bouillie *f*, purée *f*
pappa *f*; purea *f*, purè *m*, pasato *m*
papilla *f*, puré *m*
Brei *m*, Püree *n*

931. purê *f* **de maçãs**
apple puree, apple sauce
compote *f* de pommes
composta *f* di mele
compota *f* de manzana
Apfelkoch *m (Aut)*, Apfelmus *n*

932. puro
pure
pur
puro
puro
rein

Q

933. quadril *m*
rump *(beef)*; chump *(veal)*; back bacon *(pork)*
hanche *f (bœuf)*; quasi *m (veau)*; pointe *f*, pointe *f* de filet *(porc)*
anca *f*, fianco *m*
cadera *f*, culata *f*
Hüfte *f*

934. qualidade *f*
quality
qualité *f*
qualità *f*
calidad *f*
Qualität *f*

935. quantidade *f*
quantity
quantité *f*
quantità *f*
cantidad *f*
Menge *f*

936. quarto, um
quarter
quart *m*
quarto *m*, quartino *m (vino)*
cuarto *m*, cuarta parte *f*
Viertel *n*

937. quarto-traseiro *m* **de vitela ou cordeiro**
saddle
selle *f*
sella *f*
faldilla *f*, cuarto *m* trasero
Sattel *m*

938. quebra-nozes *m*
nutcracker
casse-noix *m*
schiaccianoci *m*
cascanueces *m*
Nussknacker *m*

939. quebrar *v*
break
rompre
rompere, spezzare
romper, quebrar
brechen

940. queijo *m*
cheese
fromage *m*
formaggio *m*
queso *m*
Käse *m*

941. queijo *m* **de cabra**
goat's cheese
fromage *m* de chèvre, chèvre *m*
formaggio *m* di capra
queso *m* de cabra
Ziegenkäse *m*

942. queijo *m* de mofo azul
blue cheese
fromage *m* bleu, bleu *m*
formaggio *m* erborinato
queso azul en general
Schimmelkäse *m*

943. queijo *m* duro
hard cheese
fromage *m* à pâte dure
formaggio *m* duro
queso *m* de pasta dura
Hartkäse *m*

944. queijo *m* fresco
cream cheese
fromage *m* frais
formaggio *m* fresco
queso *m* fresco
Frischkäse *m*

945. queijo *m* fundido
cheese spread, processed cheese
fromage *m* fondu
formaggio *m* fuso
queso *m* derretido
Schmelzkäse *m*

946. queijo *m* *quark*
quark, curd cheese
fromage *m* blanc
quark *m*
requesón *m*, cuajada *f*
Quark, Topfen *m (Aut, Bay)*, Zieger *m (CH)*

947. queijo *m* *quark* com ervas
quark mixed with herbs
fromage *m* blanc aux fines herbes
quark *m* aromatizzato
requesón *m* con finas hierbas
Kräuterquark *m*

948. queimar *v*
burn
brûler
attaccarsi *(bruciando)*
quemarse, pegarse
anbrennen

949. queixar-se *v*
complain
se plaindre
lamentarsi, lagnarsi
quejarse
beschweren sich

950. quente
warm
chaud
caldo
caliente
warm

951. quente, muito
hot
chaud
bollente
(muy) caliente
heiß

952. querer *v*
wish, want
désirer
desiderare
desear
wünschen

953. quirche *m*
kirsch
eau-de-vie *f* de cerises, kirsch *m*
acquavite *f* di ciliegie
aguardiente *m* de cereza, kirsch *m*
Kirschwasser *n*

R

954. rabanete *m*
radish
petit radis *m*
ravanello *m*
rabanito *m*
Radieschen *n*

955. rábano *m*
radish
radis *m*
rafano *m*
rábano *m*
Rettich *m*

956. rabo *m*
tail
queue *f*
coda *f*
cola *f*, rabo *m*
Schwanz *m*

957. rabo *m* de boi
oxtail
queue *f* de bœuf
coda *f* di bue
rabo *m* de buey
Ochsenschlepp *m (Aut)*, Ochsenschwanz *m*

ragu

958. ragu *m*
ragout
ragoût *m*
spezzatino a base di carne o di pesce
guisado *m*, ragú *m*
Ragout *n*

959. raia *f*
(sting)ray
raie *f*
razza *f*
raya *f*
Rochen *m*

960. rainha-cláudia *f (tipo de ameixa)*
greengage
reine-claude *f*
reine-claude *f*, prugna *f* regina Claudia
ciruela *f* (Reina) Claudia
Reineclaude *f*, Ringlotte *f (Aut)*

961. raiz-forte *f*
horseradish
raifort *m*
barbaforte *m*, cren *m*
rábano *m* picante, rábano *m* rusticano
Meerrettich *m*, Kren *m (Aut, SüdD)*

962. ralar *v*
grate
râper
grattugiare
rallar
raspeln

963. ramalhete *m*
bunch *(flowers)*
bouquet *m (fleurs)*
mazzo *m* (di fiori)
ramo *m (flores)*
Strauß *m*

964. rançoso
rancid
rance
rancido
rancio
ranzig

965. raso
flat
plat
piatto
plano
flach

966. raspar *v*
scrape
gratter, racler
grattugiare, raschiare
raer, rascar, raspar
schaben

967. realçante *m* **de sabor**
(BE) flavour enhancer
rehausseur *m* d'arôme
esaltatore *m* del sapore
intensificador *m* de sabor
Geschmacksverstärker *m*

968. receber *v*
receive, greet *(people)*
accueillir, recevoir
accogliere; ricevere
acoger, saludar
empfangen

969. receita *f*
recipe
recette *f*
ricetta *f*
receta *f*
Rezept *n*

970. recepção *f*
reception
accueil *m*; réception *f*
accoglienza *f*; ricevimento *m*
acogida *f*, recepción *f*
Empfang *m*

971. réchaud *m*
hot plate, plate warmer
chauffe-plat *m*
scaldavivande *m*
calientaplatos *m*
Warmhalteplatte *f*

972. rechear *v*
fill, stuff
farcir *(viande, tomates, etc.)*; remplir
riempire *(in generale)*; mettere il ripieno, farcire
rellenar
farcieren; füllen

973. recheio *m*
filling *(general and with cream, chocolate etc., for cakes)*; stuffing *(with sausage, chestnuts etc., for meat, vegetables etc.)*
garniture *f (en gén. sucrée, p. ex. pour crème pâtissière, creme de chocolat*

etc., pour fourrer des pâtisseries);
farce *f (en gén. salée, p. ex. chair à saucisse etc.)*
ripieno *m*, farcia *f (composto per farcire)*
relleno *m (en gen.)*; carne *f* picada *(carnes)*; masa *f* de embuchado *(tripas)*; crema *f* pastelera, crema *f* de chocolate *(etc., para repostería)*
Füllung *f (im allg.)*; Farce *f (Fleisch- u. Fischspeisen)*

974. reclamação *f*
complaint
réclamation *f*
critica *f*; reclamo *m*; lamentela *f*, lagnanza *f*
reclamación *f*, queja *f*
Beanstandung *f*; Beschwerde *f*

975. reclamar *v*
complain about sthg
réclamer qqch
criticare; reclamare
reclamar, quejarse *(de)*
beanstanden etw.

976. recomendação *f*
recommendation
recommandation *f*
consiglio *m*
recomendación *f*
Empfehlung *f*

977. recomendar *v*
recommend
recommander
consigliare
recomendar
empfehlen

978. redondo
round
rond
rotondo
redondo
rund

979. refeição *f*
meal
repas *m*
pasto *m*
comida *f*
Mahlzeit *f*

980. refinar *v*
refine
affiner, améliorer
affinare, rendere più delicato
afinar, mejorar
veredeln, verfeinern

981. refresco *m*
refreshment
rafraîchissement *m*
1. refrigerio *m*; 2. bevanda *f* refrigerante
refresco *m*
Erfrischung *f*

982. regional
native, local
du pays, local
locale, nostrano, del paese
local, regional
einheimisch

983. regulamentação *f*
regulation, rule
directive *f*, réglementation *f*
prescrizione *f*, disposizione *f*, norma *f*
normativa *f*, directiva *f*
Vorschrift *f*

984. remover *v*
remove, take away
enlever, retirer
togliere, levare, rimuovere
quitar, sacar
entfernen, wegnehmen

985. repolho *m*
(white) cabagge
chou *m (blanc)*
cavolo *m (blanco)*
col *f*, berza *f*, repollo
Chabis *m (CH)*, Chruut *n (CH)*, Kohl *m*, Weißkohl *m*

986. repolho *m* **roxo**
red cabbage
chou *m* rouge
cavolo *m* rosso
col *f* lombarda, col *f* roja
Blaukraut *n (Aut, SüdD)*, Rotkohl *m*

987. reserva *f*
reservation
réservation *f*
prenotazione *f*
reserva *f*
Reservierung *f*

reservar uma mesa

988. reservar v uma mesa
reserve a table, book a table
retenir une table
riservare un tavolo
reservar una mesa
einen Tisch bestellen

989. resfriar v
store, keep cold
refroidir, rafraîchir, mettre au frais
mettere in fresco
refrescar
kalt stellen

990. restaurante m
restaurant, inn
auberge f, restaurant m
trattoria f, locanda f, ristorante m
fonda f, hostería f
Gasthof m, Gaststätte f

991. restos mpl
rubbish, refuse, litter
déchets mpl
rifiuti mpl
desechos mpl, restos mpl
Abfall m

992. retrogosto m
aftertaste
arrière-goût m
retrogusto m
resabio m, gustillo m
Nachgeschmack m

993. rim m
kidney
rognon m
rognone m
riñón m
Niere f

994. robalo m
sea bass
bar m, loup m de mer
spigola f, branzino m
lubina f, róbalo m
Barsch m, Seebarsch m,
 Wolfsbarsch m

995. rodela f
round slice
rondelle f
fettina f rotonda
rodaja f
rundes Scheibchen n

996. rodovalho m (peixe)
brill
barbue f
rombo m liscio
rodaballo m
Glattbutt m

997. rolha f
cork
bouchon m
tappo m, turacciolo m
corcho m, tapón m
Korken m

998. rolo m
roll
rouleau m
rullo m
rodillo m, rollo m
Rolle f

999. romã f
pomegranate
grenade f
melagrana f
granada f
Granatapfel m

1000. rosbife m
roast beef
rosbif m
roast-beef m
rosbif m, solomillo m de vaca
Beiried n (Aut)

1001. rosca f
ring
couronne f
corona f
corona f
Kranz m

1002. rúcula f
arugula, rucola, rocket
roquette f
rucola f
rúcula f
Rauke f

1003. ruibarbo m
rhubarb
rhubarbe f
rabarbaro m
ruibarbo m
Rhabarber m

salada de dente-de-leão

1004. ruim
bad
mauvais
cattivo; sgradevole *(sapore)*; andato a male
malo
schlecht

1005. rum *m*
rum
rhum *m*
rum *m*
ron *m*
Rum *m*

1006. rústico
rustic
rustique
campagnolo, rustico
rústico
ländlich *(einfach)*

1007. rutabaga *f (espécie de nabo)*
swede, *(AE)* yellow turnip
rutabaga *m*, chou *m* rave
rapa *f*
colinabo *m*, nabo *m* sueco; grelo *m*
Kohlrübe *f*, Steckrübe *f*

S

1008. sabor *m*
taste
goût *m*, saveur *m*; parfum *m (glace, sorbet)*
sapore *m*, gusto *m*
gusto *m*, sabor *m*
Geschmack *m*

1009. saboroso
tasty
qui a bon goût, savoureux
saporito, gustoso
sabroso, suculento
schmackhaft

1010. sabugueiro *m*
elder
sureau *m*
sambuco *m*
saúco *m*
Holder *m (Aut, SüdD)*, Holunder *m*

1011. saca-rolhas *m*
corkscrew
tire-bouchon *m*
cavatappi *m*
sacacorchos *m*
Korkenzieher *m*

1012. safra *f (do vinho)*
vintage
millésime *m*
annata *f*
añada *f*
Jahrgang *m*

1013. sagu *m*
sago
tapioca *m*
tapioca *f*
tapioca *f*
Sago *m*

1014. Saint Pierre *m (peixe)*
john dory
Saint-Pierre *m*
pesce *m* San Pietro
pez *m* de San Pedro
Petersfisch *m*

1015. sal *m*
salt
sel *m*
sale *m*
sal *f*
Salz *n*

1016. sal, sem
without salt
sans sel
senza sale
sin sal
salzios

1017. sala *f* **de refeições**
dining hall, dining room
salle *f* de restaurant
sala *f* da pranzo
comedor *m*
Spelsesaal *m*

1018. salada *f*
salad; lettuce
salade *f*
insalata *f*
ensalada *f*
Salat *m*

1019. salada *f* **de dente-de-leão**
dandelion salad
salade *f* de pissenlit

salada de frutas

insalata f di denti di leone
ensalada f de cardillo, ensalada f de diente de león
Röhrisalat m (Aut)

1020. salada f de frutas
fruit salad
salade f de fruits, macédoine f de fruits
macedonia f di frutta
ensalada f de frutas, macedonia f de frutas
Obstsalat m

1021. salada f pronta
delicatessen salad
salade f composée
insalata f da gourmet
ensaladilla f mixta
Feinkostsalat m

1022. saladeira f
salad bowl
saladier m
insalatiera f
ensaladera f
Salatschüssel f

1023. salão m
room
salle f, pièce f
locale m
sala f, pieza f
Raum m

1024. saleiro m
salt cellar
salière f
saliera f, spargisale m
salero m
Salzstreuer m

1025. salgar v (condimentar com sal)
salt
saler
sate
salar
salzen

1026. salicórnia f (tipo de vegetal)
glasswort
salicorne f
salicornia f
barrilla f, salicor m
Oueller m

1027. salmão m
salmon
saumon m
salmone m
salmón m
Lachs m, Salm m

1028. salmonete m
red mullet
rouget m
triglia f di fango
salmonete m
Rotbarbe f

1029. salsão m
celery
céleri m (en branches)
sedano m (da costa)
apio m (en rama)
Sellerie m, Zeller m (Aut);
 Stangensellerie m, Staudensellerie m

1030. salsicha f
sausage
saucisse f, saucisson m
salsiccia f
salchicha f, salchichón m
Wurst f

1031. salsicha f crua
raw sausage
saucisson m cru
salsiccia f cruda
salchichón m crudo
Rohwurst f

1032. salsicha f grelhada
fried sausage
saucisse f grillée
salsiccia f ai ferri
salchicha f asada
Bratwurst f

1033. salsinha f
parsley
persil m
prezzemolo m
perejil m
Petersilie f

1034. sálvia f
sage
sauge f
salvia f
salvia f
Salbei m

1035. sanduíche m
snack
en-cas m, collation f, casse-croûte m (pop.)
spuntino m, merenda f
colación f, refrigerio m, (pop.)
piscolabis m, merienda f
Imbiss m, Jause f (Aut)

1036. sardinha f
sardine, pilchard
sardine f
sardina f
sardina f
Sardine f

1037. saudável
healthy; wholesome (food)
sain
sano
sano
gesund

1038. savarin m (tipo de bolo)
savarin
savarin m
savarin m
savarín m al ron
Punschring m

1039. sável (peixe) m
(allis) shad
alose f
alosa f
sábalo m, alosa f
Alse f, Maifisch m

1040. secar v
dry
sécher
asciugare, seccare
secar
trocknen

1041. seco
dry
sec
asciutto, secco
seco
trocken

1042. sede f
thirst
soif f
sete f
sed f
Durst m

1043. segurelha f
savoury
sarriette f
santoreggia f
ajedrea f
Bohnenkraut n

1044. sekt m (vinho espumante alemão)
German sparkling wine
vin effervescent allemand de qualité, de fermentation en bouteille; correspond à crémant
spumante m (prodotto in Germania)
vino espumoso alemán, corresponde al cava
Sekt m

1045. seleção f
choice, selection
choix m, sélection f; assortiment m
scelta f, assortimento m
selección f, surtido m
Auswahl f

1046. selecionar v
choose, select
choisir, sélectionner
scegliere
elegir, escoger, seleccionar
auswählen

1047. self-service m
self service
libre service
self-service m
autoservicio m
Selbstbedienung f

1048. semente f
pip, seed; stone (in fruit)
pépin m; grain m
nocciolo m, seme m
pepita f; pipa f; hueso m
Kern m

1049. sementes fpl **de abóbora**
pumpkin seeds
graines fpl de courge
semi mpl di zucca
pepitas fpl de calabaza, semillas fpl de calabaza
Kürbiskerne mpl

1050. sementes fpl **de girassol**
sunflower seed
graines fpl de tournesol

sêmola

semi *mpl* di girasole
semillas *fpl* de girasol, pipas *fpl* de girasol
Sonnenblumenkerne *mpl*

1051. sêmola *f*
wholemeal
gruau *m*, grains *mpl* égrugés
granaglie *fpl* macinate grosse
trigo *m* triturado
Schrot *m*

1052. semolina *f*
semolina
semoule *f*
semolino *m*
sémola *f*
Grieß *m*

1053. serviço *m*
service
service *m*
servizio *m*
servicio *m*
Bedienung *f*

1054. serviço *m* **incluído**
service included
service *m* compris
servizio *m* compreso
servicio *m* incluido
Bedienungsgeld *n* inbegriffen

1055. serviço *m* **não incluído**
service not included
service *m* non compris
servizio *m* escluso
servicio *m* no incluido
Bedienungsgeld *n* nicht inbegriffen

1056. servir *v*
serve
servir
servire
servir, atender, cuidar
bedienen, servieren

1057. servir *v* *(bebida)*
pour *(a liquid into a glass or a cup)*
verser *(une boisson dans un verre ou une tasse)*
versare
echar *(de beber)*, verter
eingießen, einschenken

1058. sidra *f*
cider
cidre *m*
sidro *m*
sidra *f*
Apfelwein *m*

1059. siluro *m* *(peixe)*
catfish
silure *m*
siluro *m* d'Europa
siluro *m*
Wels *m*

1060. simples
simple
simple
semplice
sencillo, simple
einfach

1061. sobremesa *f*
dessert
dessert *m*
dessert *m*, dolce *m*
postre *m*
Dessert *n*, Nachspeise *f*, Nachtisch *m*

1062. soja *f*
soybeans, soya beans
fèves *fpl* de soja; haricots *mpl* mungo
soia *f*
habas *fpl* de soja
Sojabohnen *fpl*

1063. solha *f*
plaice
plie *f*, carrelet *m*
platessa *f*
platija *f*, solla *f*
Goldbutt *m*, Scholle *f*

1064. solha-das-pedras *f*
flounder
flet *m*
passera *f* di mare
platija *f*
Flunder *f*

1065. solha-escura-do-mar-do-norte *f*
dab
limande *f*
limanda *f*
limanda *f*
Kliesche *f*

1066. *sommelier* *m*
wine waiter
sommelier *m*

sommelier *m*
somelier *m*
Sommelier *m*

1067. sonho *m*
doughnut
beignet *m*
krapfen *m*, bombolone *m*
bollo *m*, buñuelo *m*
Krapfen *m*

1068. sonho *m* **recheado**
cream puff
chou *m* à la creme *(pâtisserie)*
bignè *m* alla crema
petisú *m*, buñuelo *m* de viento
gefüllter Windbeutel *m*

1069. sopa *f*
soup
soupe *f*, potage *m*
zuppa *f*, minestra *f*
sopa *f*
Suppe *f*

1070. sopa-creme *f*
cream soup
velouté *m* *(potage)*
crema *f*, passato *m*
crema *f* *(sopa espesa)*
Cremesuppe *f*

1071. sopa *f* **de lagosta**
lobster soup
bisque *f* de homard
zuppa *f* di gamberi
sopa *f* de bogavante
Hummersuppe *f*

1072. sopa *f* **de peixe**
fish soup
soupe *f* de poissons
zuppa *f* di pesce
sopa *f* de pescado
Fischsuppe *f*

1073. *sorbet* *m*
sorbet
sorbet *m*
gelato *m* alla frutta, sorbetto *m*
sorbete *m*
Fruchteis *n*, Fruchtsafteis *n*, Sorbet(t) *m(n)*

1074. soro *m* **de leite**
whey
petit lait *m*
siero *m* di latte
suero *m* de leche
Molke *f*

1075. sorvete *m*
ice
glace *f*
gelato *m*; ghiaccio *m*
helado *m*; hielo *m*
Eis *n*

1076. sorvete *m* **cremoso**
soft ice
mousse *f* glacée
gelato *m* cremoso
crema *f* helada
Softeis *n*

1077. suave
1. mild *(seasoning)*; 2. mellow *(wine)*
doux *(assaisonnement, vin)*
delicato, dolce
dulce *(aderezo)*
mild

1078. substituir *v*
replace
remplacer
sostituire, rimpiazzare
sustituir, reemplazar
ersetzen

1079. substituto *m*
substitute
succédané *m*, ersatz *m*
surrogato *m*
sucedáneo *m*
Ersatz *m*

1080. suco *m*
juice
jus *m*
succo *m*
jugo *m*, zumo *m*
Saft *m*

1081. suculento
juicy
juteux
succoso, sugoso
jugoso
saftig

1082. suflê *m*
soufflé
soufflé *m*
sformato *m*; soufflé *m*

surpresa

soufflé *m*, suflé *m*
Auflauf *m*

1083. surpresa *f*
surprise
surprise *f*
sorpresa *f*
sorpresa *f*
Überraschung *f*

T

1084. tábua *f* **de queijos**
cheese platter
plateau *m* de fromages
selezione *f* di formaggi
plato *m* de quesos surtidos
Käseplatte *f*

1085. taça *f* **de sorvete**
ice cream bowl
coupe *f* de glace
coppa *f* di gelato
copa *f* de helado, helado *m*
Eisbecher *m*

1086. tainha *f*
mullet
mulet *m*
muggine *m*
mújol *m*
Meeräsche *f*

1087. talheres *mpl*
cutlery
couvert *m*
posate *fpl*
cubierto *m*
Besteck *n*

1088. tamanho *m*
size
grosseur *f*
misura *f*
tamaño *m*
Größe *f*

1089. tamanho, conforme o
according to size
selon grosseur, s.g.
a seconda della grandezza
según tamaño
nach Größe

1090. tâmara *f*
date
datte *f*
dattero *m*
dátil *m*
Dattel *f*

1091. tangerina *f*
mandarin
mandarine *f*
mandarino *m*
mandarina *f*
Mandarine *f*

1092. taxa *f*
duty, tax
taxe *f*
tassa *f*
tasa *f*
Abgabe *f*

1093. taxa *f* **de serviços**
service charge
service *m*
servizio *m*
servicio *m*
Bedienungsgeld *n*

1094. T-bone *m*, **tibone** *m* *(bife)*
T-bone steak
côte *f* à l'os
costata *f*
chuleta *f* de lomo
T-Bone-Steak *n*

1095. temperar *v*
dress, toss *(salad)*; season
assaisonner
condire, insaporire
aderezar *(ensalada)*; condimentar, sazonar
anmachen *(Salat)*; würzen

1096. temperatura *f*
temperature
température *f*
temperatura *f*
temperatura *f*
Temperatur *f*

1097. temperatura *f* **ambiente**
room temperature
température *f* ambiante
temperatura *f* ambiente
temperatura *f* ambiente
Raumtemperatur *f*

1098. temperatura certa, na *(vinho)*
at the right temperature
chambré
temperatura ambiente
temperatura ambiente
temperiert

1099. tempero *m*
spice, seasoning
condiment *m*, épice *f*
condimento *m*, spezie *fpf*
condimento *m*, especia *f*
Gewürz *n*

1100. tempo *m* **de espera**
waiting time
temps *m* d'attente
periodo *m* d'attesa, attesa *f*
tiempo *m* de espera
Wartezeit *f*

1101. tenro
tender
tendre
tenero
tierno
zart

1102. teor *m* **de gordura**
fat content
teneur *f* en matière grasse
contenuto *m* di grassi
contenido *m* en grasa
Fettgehalt *m*

1103. ter *v* **gosto de**
taste of
avoir le goût de
sapere di, avere sapore di, avere gusto di
saber a
schmecken *v* nach

1104. terrina *f*
tureen, terrine
terrine *f*
terrina *f*
terrina *f*
Terrine *f*

1105. tigela *f*
bowl, dish
coupe *f*, jatte *f*, bol *m*
scodella *f*, ciotola *f*
bandeja *f*, copa *f*, cuenco *m*, tazón *m*
Schale *f*

1106. tigela *f* **grande**
bowl, dish
saladier *m*, (grand) bol *m*; (grande) jatte *f*, écuelle *f*
scodella *f*; insalatiera *f*
copa *f*, cuenco *m*, fuente *f*, tazón *m*
Schüssel *f*

1107. tilápia *f*
tilapia
tilapia *m*
tilapia *m*
tilapia *f*
Tilapia *m*

1108. tira *f*
strip
1. bande *f*, lanière *f*; 2. raie *f*, strie *f*
striscia *f*; linea *f*
1. loncha *f (carne)*; 2. lonja *f*; 3. raya *f*; 4. estría *f*
Streifen *m*

1109. tirar *v* **a pele**
skin
dépiauter, dépouiller
togliere la pelle, spellare
desollar, despellejar
Haut abziehen

1110. toalete(s) *f(pl)*
toilet(s), WC, *(AE)* restroom, *(AE)* bathroom
toilette(s) *f(pl)*
toilette *f(pl)*
servicios *mpl*, lavabos *mpl*
Toilette(n) *f(pl)*

1111. toalha *f*
towel
essuie-mains *m*
asciugamano *m*
toalla *f*
Handtuch *n*

1112. toalha *f* **de mesa**
tablecloth
nappe *f*
tovaglia *f*
mantel *m*
Tischdecke *f*

1113. toalha *f* **refrescante**
refreshing towel
serviette *f* rafraîchissante
salvietta *f* rinfrescante
toallita *f* refrescante
Erfrischungstuch *n*

tofu

1114. tofu *m*
 tofu, bean curd
 tofu *m*
 tofu *m*
 tofu *m*
 Tofu *m*

1115. tofu *m* **defumado**
 smoked tofu
 tofu *m* fumé
 tofu *m* affumicato
 tofu *m* ahumado
 Räuchertofu *m*

1116. tomate *m*
 tomato
 tomate *f*
 pomodoro *m*
 tomate *m*
 Paradeis(er) *m (Aut)*, Tomate *f*

1117. tomate-cereja *m*
 cherry tomato
 tomate *f* cerise
 pomodorino *m* ciliegia
 tomate *m* cereza
 Cocktailtomate *f*, Kirschtomate *f*

1118. tomilho *m*
 thyme
 thym *m*
 timo *m*
 tomillo *m*
 Thymian *m*

1119. tomilho *m* **selvagem**
 wild thyme
 serpolet *m*, thym *m* sauvage
 timo *m* selvatico
 serpol *m*, samarifla *f*
 Quendel *m*

1120. toranja *f*
 grapefruit
 pamplemousse *f*, pomélo *m*
 pompelmo *m*
 pomelo *m*
 Grapefruit *f*, Pampelmuse *f*

1121. torrada *f*
 rusk
 biscotte *f*
 fetta *f* biscottata
 bizcocho *m*
 Zwieback *m*

1122. torrado
 roasted
 roussi, rissolé; torréfié *(café)*
 tostato; torrefatto *(caffè)*
 salteado; tostado *(café)*
 geröstet

1123. torresmo *m*
 crackling
 gratton *m*
 cicciolo *m*
 chicharrón *m*
 Grammel *f (Aut)*, Griebe *f*

1124. torta *f*
 tart, cake
 gâteau *m*, tarte *f (à la crème)*
 torta *f*
 tarta *f*
 Torte *f*

1125. torta *f* **de creme**
 cream tart
 tarte *f* à la crème
 torta *f* alla panna
 tarta *f* de crema
 Sahnetorte *f*

1126. tortinha *f* **doce**
 tartlet, small tart
 tartelette *m*, petit gâteau *m*
 tarteletta *f*, tortina *f*
 tartaleta *f*
 Törtchen *n*

1127. total
 lump *(sum)*
 forfaitaire
 forfet(t)ario
 total, global
 pauschal

1128. toucinho *m*
 bacon, bacon fat, lard
 lard *m*
 lardo *m*
 tocino *m*
 Speck *m*

1129. toucinho *m* **defumado**
 smoked bacon
 lard *m* fumé
 pancetta *f* affumicata
 tocino *m* ahumado
 Räucherspeck *m*

1130. toucinho *m* **defumado magro**
bacon
pointe de porc, salée et fumée
pancetta *f* affumicata magra
culata de cerdo, salada y ahumada
Schinkenspeck *m*

1131. toucinho *m* **entremeado** *(com camadas de carne)*
streaky bacon
lard *m* de poitrine
pancetta *f* di maiale
panceta *f*, tocineta *f*; tocino *m* ventresco *(cerdo)*
Bauchspeck *m*

1132. toucinho *m* **gordo**
rasher of bacon from the loin
bardière *f*; barde *f*
1. *fetta sottile di pancetta (per lardellare)*; 2. *pezzo intero di pancetta*
albardilla *f*
Rückenspeck *m*

1133. trança *f (pão ou rosca)*
plait (biscuit)
brioche *f* (oblongue), tresse *f* *(pâtisserie)*
dolce fievitato a forma di treccia
bollo *m* trenzado
Striezel *m (Aut)*

1134. transparente
transparent
transparent
trasparente
transparente
durchsichtig

1135. travessa *f*
dish
plat *m (mets, préparation)*; plateau *m* *(p. ex. de fromages, mais aussi: planche pour servir)*
piatto *m* di portata
plato *m*
Platte *f*

1136. trigo *m*
wheat
blé *m*, froment *m*
grano *m*, frumento *m*
trigo *m*
Weizen *m*

1137. trigo *m* **duro**
durum wheat
blé *m* dur
grano *m* duro
trigo *m* duro
Hartweizen *m*

1138. trigo-sarraceno *m*
buckwheat
sarrasin *m*, blé *m* noir
grano *m* saraceno
trigo *m* sarraceno, alforfón *m*
Buchweizen *m*

1139. trinchar *v*
carve *(meat)*
découper *(viande)*
trinciare *(carne)*
trinchar *(carne, aves)*
tranchieren *v*

1140. tripas *fpl*
tripe
tripes *fpl*
trippa *f*
callos *mpl*, tripas *fpl*
Kaldaunen *fpl*, Kutteln *fpl (Aut, SüdD)*

1141. trufa *f*
truffle
truffe *f*
tartufo *m*
trufa *f*
Trüffel *f*

1142. truta *f*
trout
truite *f*
trota *f*
trucha *f*
Forelle *f*

1143. truta *f* **salmonada**
salmon trout
truite *f* saumonée
trota *f* salmonata
trucha *f* salmonada
Lachsforelle *f*

1144. truta-arco-íris *f*
rainbow trout
truite *f* arc-en-ciel
trota *f* iridea
trucha *f* arco iris
Regenbogenforelle *f*

truta-das-fontes

1145. truta-das-fontes *f*
char
omble *m* chevalier
salmerino *m*
farra *f*
Saibling *m*

1146. tubarão *m*
shark
requin *m*
pescecane *m*, squalo *m*
tiburón *m*
Haifisch *m*

U

1147. umidade *f*
humidity
humidité *f*
umidità *f*
humedad *f*
Feuchtigkeit *f*

1148. úmido
damp
humide
umido
húmedo
feucht

1149. urtiga *f*
(stinging) nettle
ortie *f*
ortica *f*
ortiga *f*
Brennnessel *f*

1150. uva *f*
grape
grappe *f* (de raisin), raisin *m*
grappolo *m* d'uva
uva *f*
Traube *f*, Weintraube *f*

1151. uva-espim *f*
gooseberry
groseille *f* à maquereau
uva *f* spina
grosella *f* espinosa
Stachelbeere *f*

1152. uva-passa *f*
sultana
raisin *m* sec (marron)
uva *f* sultanina
uva *f* pasa *(de color marrón)*
Rosine *f*

1153. uva-passa *f* **branca**
sultana
raisin *m* de Smyrne *(raisin sec blond)*
uva *f* sultanina
uva *f* pasa *(de color marrón)*
Sultanine *f*

1154. uvas-passas *fpl* **escuras**
currants
raisins *mpl* secs noirs de Corinthe
uva *f* passa
pasas *fpl* de Corinto
Korinthen *fpl*

V

1155. vaca *f*
cow
vache *f*
mucca *f*
vaca *f*
Kuh *f*

1156. vagem *f* *(envoltório vegetal)*
(pea) pod, husk
gousse *f*, cosse *f*
baccello *m*
vaina *f*
Schote *f*

1157. vagem-manteiga *f*
wax bean
haricot *m* beurre
fagiolino *m*
habichuela *f*
Wachsbohne *f*

1158. vagens *fpl*
(green) beans
haricots *mpl* (verts)
fagiolini *mpl*
alubias *fpl* (verdes), judías *fpl* (verdes), habichuelas *fpl* (verdes)
Bohnen *fpl*/(grüne)

1159. variado
varied
diversifié, varié
molto vario, svariato
(muy) variado
abwechslungsreich

vinho envelhecido em barrica

1160. variar *v*
vary
varier
variare
variar
variieren

1161. vazio
empty
vide
vuoto
vacío
leer

1162. veado *m*
deer, venison
chevreuil *m*
capriolo *m*
corzo *m*
Reh *n*

1163. vegetal
vegetable
végétal
vegetale
vegetal
pflanzlich

1164. vegetariano
vegan
végétalien
vegetaliano, vegano
vegetaliano, vegano
vegan; Veganer *m*

1165. vegetarista
vegetarian
végétarien
vegetariano
vegetariano
vegetarisch; Vegetarier *m*

1166. velho
old
vieux
vecchio
viejo
alt

1167. ventilação *f*
ventilation
aération *f*
aerazione *f*
ventilación *f*
Lüftung *f*

1168. verde *(cor)*
green
vert
verde
verde
grün

1169. vermelho
red
rouge
rosso
rojo, colorado
rot

1170. vidro *m*
glass
verre *m*
vetro *m*
vidrio *m*
Glas *n*

1171. vieira *f*
scallop
coquille *f* Saint-Jacques; pétoncle *f*
capasanta *f*, conchiglia *f* di San Giacomo; pettine *m* di mare
vieira *f*; pechina *f*
Jakobsmuschel *f*; Meermandel *f*

1172. vinagre *m*
vinegar
vinaigre *m*
aceto *m*
vinagre *m*
Essig *m*

1173. vinho *m*
wine
vin *m*
vino *m*
vino *m*
Wein *m*

1174. vinho *m* **de mesa**
table wine
vin *m* de table
vino *m* da tavola
vino *m* de mesa
Tischwein *m*

1175. vinho *m* **envelhecido em barrica**
wine matured in small casks
vin élevé en barrique
vino fermentato e/o invecchiato in una botte da 200 l circa
vino madurado en barrica
Barriquewein *m*

vinho espumante

1176. vinho *m* **espumante**
sparkling wine
vin *m* effervescent
spumante *m*
vino *m* espumoso
Schaumwein *m*

1177. vinho *m* **regional**
local wine
vin *m* de pays
vino *m* locale
vino *m* del país
Landwein *m*

1178. virar *v*
turn; turn round, turn over
tourner, retourner
girare; (ri)voltare, girare dall'altra parte
torcer, voltear; volver
drehen, umdrehen

1179. vitela *m*
calf
veau *m*
vitello *m*
ternera *f*
Kalb *n*

1180. vitelo *m* **de cervo**
red deer calf
jeune cerf *m*
cerbiatto *m*
cervato *m*
Hirschkalb *n*

1181. viticultor *m*
wine grower
vigneron *m*
viticoltore *m*
viñador *m*
Winzer *m*

1182. vivo
living
vivant
vivente, vivo
viviente, vivo
lebend, lebendig

1183. *vol-au-vent* *m*, **volovã** *m*
(salgado de massa folhada)
vol-au-vent
vol-au-vent *m*
vol-au-vent *m* di pasta sfoglia
volován *m*, empanada *f*
Blätterteigpastete *f*, Pastete *f*

1184. vôngole *m*
Venus mussel
praire *f*; palourde *f*
vongola *f*; tartufo *m* di mare
almeja *f*
Venusmuschel *f*

W

1185. *waffle* *m*
waffle, wafer
gaufre *f*
gaufre *f*, cialda *f*
gofre *m*, barquillo *m*
Waffel *f*

Apêndice

Índice

1. Pratos e acompanhamentos típicos   89

    Pratos das Ilhas Britânicas   89

    Pratos franceses   93

    Pratos italianos   97

    Pratos espanhóis   101

    Pratos alemães   105

2. Índices   109

    English Index   109

    Index français   119

    Indice italiano   129

    Índice español   140

    Deutsches Register   151

1. Pratos e acompanhamentos típicos

A seleção de pratos e acompanhamentos típicos a seguir tem caráter meramente exemplificativo da culinária de cada país. Não se trata obviamente de uma lista completa de todos os pratos representativos de cada um deles, mas de uma amostra daquilo que se pode fazer de prático e econômico numa cozinha caprichada, ou daquilo que é possível fazer a partir da genialidade das donas de casa e cozinheiros profissionais, ou simplesmente com o mero desejo de descobrir sabores especiais obtidos a partir de uma escala de ingredientes que vai do simples ao sofisticado, ou seja, de miolo de pão a uma bela lagosta.

Pratos das Ilhas Britânicas

Atholl Brose variação do *frumenty* (ver abaixo) com flocos de aveia, creme de leite, mel ou açúcar mascavo e uísque; é servido em copinhos

angels on horseback ostras cruas envoltas em fatias de *bacon*, servidas como aperitivo picante ou como entrada

baked beans feijões brancos em espesso molho de tomate, eventualmente gratinados

baked stuffed pike lúcio temperado com vinho tinto e suco de laranja, recheado com um refogado à base de manteiga, cebolas, miolo de pão e anchova finamente picada e, em seguida, assado

beef roll espécie de bolo de carne bovina moída, com presunto cozido, ovos e condimentos, preparado em banho-maria e servido frio com pão

beef Wellington lombo de carne bovina envolto em camada de carne moída temperada, *champignons* picadinhos e massa folhada, e, em seguida, assado

black pudding embutido feito de sangue espessado com gordura bovina e farinha de aveia

boxty pancakes panquecas feitas com batatas cruas raladas, farinha, leite, alcaravia e sal (Irlanda)

brandy butter creme feito com manteiga batida, açúcar e *brandy*, usado no *mince pies* (ver abaixo)

brawn aspic feito com pé e joelho de porco cozidos lentamente com cebolas e condimentos

bread pudding pudim de pão

bubble and squeak refogado feito com sobras de carne assada desfiada com repolho e batatas picadas

butterscotch espécie de caramelo feito com açúcar mascavo, manteiga, baunilha e especiarias, também usado como base para molhos

Pratos das Ilhas Britânicas 90

chicken-and-leek pie empadão feito com camadas intercaladas de frango cozido e desfiado com alho-poró e fatias de língua bovina cozida e defumada

China chilo refogado de carne de carneiro moída com verduras picadas, ervilhas, cogumelos e condimentos, servido com arroz

cock-a-leekie sopa feita com alho-poró e caldo de frango, eventualmente enriquecida com ameixas-pretas e pedaços de frango (Escócia)

colcannon refogado de repolho cortado em tirinhas e recoberto com purê de batatas (Irlanda)

Cornish pasty espécie de empanada de massa folhada com recheio de carne moída, batatas amassadas e, eventualmente, legumes ou verduras (especialidade da Cornuália)

cottage pie refogado de carne bovina moída coberto com purê de batatas e levado ao forno

deviled kidneys rins de carneiro cortados ao meio, marinados em *chutney* picante de mostarda e, em seguida, levemente grelhados; são servidos com torrada embebida na marinada

Dundee cake bolo substancioso feito com ovos, uvas-passas pretas e brancas, cerejas cristalizadas, cascas de laranja e de limão cristalizadas, decorado com amêndoas (especialidade da Escócia)

Eccles cake tradicional bolinho de massa folhada recheado com uvas-passas e polvilhado com açúcar

English breakfast diferentemente do frugal *continental breakfast*, este é um café da manhã bem substancioso das Ilhas Britânicas, com mingau de aveia (*porridge*), ovos estrelados com *bacon*, e, às vezes, salsichinhas, tomates, *champignons*, arenque defumado grelhado ou pequenas solhas grelhadas, compota de ameixas-pretas, pãezinhos (*baps*), torrada com geleia de laranja, chá, leite e, eventualmente, café

fish and chips antigo e tradicional prato inglês composto de peixe frito e batatas fritas, condimentado com sal e vinagre

fish pie prato de lagostins, caranguejos e peixes eviscerados, ligeiramente cozidos em molho de creme de leite com pasta de anchovas e sementes de erva-doce, coberto com purê de batatas e levemente gratinado no forno

frumenty grãos inteiros de trigo ou cevada são deixados de molho na água até inchar e, então, são amassados, acrescidos de mel ou açúcar, especiarias e leite quente e servidos em copinhos; como variação do *pudding* também pode ser enriquecido com frutas secas picadinhas e acrescido de ovo

gingerbread pão escuro e úmido, preparado com gengibre e calda, parecido com bolo de especiarias

gooseberry fool sobremesa composta de creme chantili ou creme de baunilha misturado com uva-espim macerada

Pratos das Ilhas Britânicas

haggis bucho de carneiro recheado com vísceras, farinha de aveia, cebolas e condimentos e, em seguida, cozido; tem muitas variações (originalmente era uma especialidade escocesa)

hot mustard pickle picles feito com pedaços de couve-flor cozidos em água e sal, tomates verdes picados, rodelas de pepino, cebolinhas, alcaparras e sementes de aipo, marinados com vinagre e mostarda em pó e servidos como acompanhamento frio

Irish soda bread tradicional pão irlandês feito com leitelho (*buttermilk*) e bicarbonato de sódio em vez de fermento

junket sobremesa que consiste de um creme feito com leite espessado, *brandy* ou rum escuro, açúcar, baunilha e noz-moscada

kedgeree hadoque defumado aferventado e desfiado, servido quente na frigideira com arroz de *curry* (geralmente no café da manhã inglês)

kipper paste arenque defumado, ligeiramente cozido e amassado e, em seguida, misturado com manteiga, pasta de anchovas e condimentos; é servido frio sobre canapés

Lancashire hot pot cozido feito em camadas com carne de cordeiro em pedaços, batatas, cebolas, rins de cordeiro e, eventualmente, ostras

laverbread cakes bolinhos de algas amassadas, ligadas com farinha de aveia e fritos em gordura de porco

mincemeat mistura de frutas frescas ou secas picadas, nozes, especiarias, rum ou *brandy*; tradicionalmente servida como sobremesa no Natal

mince pie, mince tart torta de massa podre ou folhada, recheada de *mincemeat*

mulligatawny sopa espessa de carne de frango ou cordeiro desfiada, temperada com *curry* e limão; servida com creme de leite (originalmente da cozinha indiana)

nut roast espécie de bolo salgado feito com castanhas e nozes trituradas, caldo de legumes e ervas, ligados com ovo ou gelatina vegetal

oxtail stew guisado feito com pedaços de rabo de boi, cenouras, nabos, salsão e cebolas

pies conceito genérico para uma espécie de empadão ou torta com uma grande variedade de recheios doces e salgados

plum pudding pudim feito com uvas-passas pretas e brancas e gordura bovina, ligado com uma massinha leve, geralmente flambado com *brandy* e servido com *brandy butter* (ver acima); é uma sobremesa tradicional no Natal

popovers *Yorkshire puddings* (ver abaixo) pequenos e individuais

potted pork pequenos cubos de carne de porco assados em gordura de porco com água e condimentos; são servidos frios numa travessa, com o caldo do cozimento, acompanhados de torradas

Pratos das Ilhas Britânicas

potted shrimps camarões numa conserva de manteiga clarificada bem condimentada

puddings conceito genérico para pratos cozidos em banho-maria ou no vapor, em forma de anel, geralmente com ingredientes doces (pudim de ameixa, de damasco etc.); variações salgadas ou neutras são, por exemplo o *steak-and-kidney pudding* (ver abaixo) ou o *Yorkshire pudding* (ver abaixo)

roast leg of lamb with mint sauce pernil de cordeiro assado com alecrim, sal e pimenta, servido com molho de hortelã-pimenta

roly-poly espécie de rocambole assado ou cozido em banho-maria, recheado com geleia

scones espécie de bolinho amanteigado, servido quente no chá da tarde com creme chantili e geleia

Scotch broth ensopado de carne de cordeiro e cevadinha com cenoura, nabo, alho-poró, salsão e cebolas finamente picados

shepherd's pie refogado de carne de cordeiro moída com temperos, coberto com purê de batatas e levado ao forno

skirlies espécie de mingau de aveia salgado, preparado com gordura de porco, cebola picadinha e ervas, servido em pequenas porções, geralmente como acompanhamento; em porção maior também é servido como prato principal (Escócia)

spiced beef peito bovino curtido por vários dias em uma mistura de açúcar mascavo, pimenta, sal, pimenta-vermelha e bagas de zimbro maceradas; a mistura é esfregada na carne várias vezes até secar; feito isso, a carne é levada ao forno por várias horas até ficar bem macia; é servida fria, em fatias

steak-and-kidney pudding espécie de pudim de massa amanteigada e pequenos pedaços de carne bovina, rins bovinos, cebolas e *champignons*

syllabub espécie de creme zabaione com chantili, vinho, especiarias e açúcar

tatws slaw purê de batatas preparado com leitelho, servido como acompanhamento para carnes (País de Gales)

toad-in-the-hole carne ou salsichas assadas na massa do *Yorkshire pudding*

trifle espécie de pavê feito com bolachas embebidas em vinho ou *cherry*, geleia e cobertura de creme de baunilha ou chantili

veal-and-ham pie mistura de cubos de carne de vitela, presunto e ovos cozidos, recoberta por uma massa e levada ao forno; em seguida, é recheada com aspic de frango

Welsh rabbit (ou rarebit) pedacinhos de queijo derretidos em cerveja ou leite, condimentados e colocados sobre torradas que são ligeiramente gratinadas (especialidade do País de Gales)

Yorkshire pudding espécie de suflê feito com farinha, ovos e leite, assado em forma com gordura bem quente oriunda de assados; é tradicionalmente servido com *roast beef*

Pratos franceses

aiguillette fatia fina de carne ou peixe

alicot ragu feito com carne de frango, peru ou ganso temperada com alho, batatas, castanhas, cenouras, cogumelos e cebolas

andouillette pequena salsicha geralmente servida em molho de vinho branco ou grelhada, acompanhada de batatas fritas (de Cambrai e Troyes, dentre outras cidades)

assiette anglaise prato de frios fatiados, geralmente contendo também rosbife e outras carnes

baeckeoffe cozido feito com rodelas de batatas e pedaços de diferentes carnes com cebolas e condimentos, dispostos em camadas e cozidos lentamente em vinho branco, com panela tampada (da Alsácia)

bavarois designa tanto uma sobremesa feita com bolo ou bolachas e creme de baunilha, como também um creme firme feito com gelatina

beignet 1. sonho; 2. fruta, crustáceo descascado ou pedaços de legumes empanados e fritos

bisque sopa de crustáceos de todo tipo, picadinhos ou moídos: lagosta, camarões, caranguejos etc.

boeuf bourguignon pedaços de carne bovina com cubos de *bacon* e chalotas, guisados em vinho tinto (originalmente da Borgonha)

bouillabaisse sopa de peixe com diversas espécies do Mediterrâneo, dentre elas, obrigatoriamente, rascassos, caranguejos e mexilhões, puxada no açafrão (costa do Mediterrâneo)

bourride sopa de peixe temperada com alho e ervas (sul da França)

brandade gratinado geralmente feito com peixe

brandade de morue gratinado com pedaços de bacalhau seco ou hadoque, creme de leite e alho

bûche de Noël rocambole com recheio de creme de amêndoas ou chocolate, eventualmente também com frutas, moldado como um tronco de árvore (na França é uma especialidade servida no Natal)

carbonade flamande bifes de carne bovina cozidos lentamente em molho de cerveja, açúcar mascavo, mostarda e condimentos (Flandres francesa)

cassoulet cozido de feijão-branco, carnes salgadas e diferentes tipos de embutidos, com muitas variações

charolais raça branca de gado bovino muito valorizado e difundido na França; em cardápios pode designar também um bife dessa carne

chausson espécie de *strudel* de massa folhada ou fermentada com recheio de maçãs ou compota de frutas

Pratos franceses

chipions pequenas lulas geralmente cozidas em sua própria tinta ou fritas (costa do Mediterrâneo)

clafoutis frutas (cerejas, pedaços de maçã) assadas numa massa de ovos bem líquida

coq au vin pedaços de frango cozidos em molho de vinho tinto com cubos de toucinho, cebolinhas-brancas e cogumelos

cotriade sopa com diversos frutos do mar e mexilhões (Bretanha)

couscous prato do norte da África feito com sêmola moída e carne de vaca ou de cordeiro, frango, embutidos e legumes (principalmente grão-de-bico)

crêpe suzette crepe flambado com conhaque, Grand Marnier ou Cointreau

croque-madame fatia de pão levemente torrada, coberta com presunto, queijo gratinado e ovo estrelado

croque-monsieur os mesmos ingredientes do *croque-madame*, porém sem os ovos

croustade torta de massa folhada ou massa podre com uma grande variedade de recheios, na maioria salgados

cuisses de grenouilles coxa de rã geralmente em molho de vinho branco

dartois massa alimentícia em formato retangular, recheada de carne ou peixe, ou também de marzipã ou geleia

douillon aux pommes maçãs recheadas com uma mistura de farinha de amêndoas, manteiga e açúcar, cobertas por massa folhada e, em seguida, assadas

far breton bolo feito com uma massa tenra de pudim e ameixas-pretas (Bretanha)

ficelle picarde espécie de crepe com recheio de *bacon* e cogumelos em molho bechamel, levado ao forno

fillet mignon em geral designa o lombo de porco, mas também a parte mais macia do lombo de vitela

flamiche torta com recheio de alho-poró refogado, ovos e creme de leite, às vezes também contém queijo *maroille* (norte da França)

galette 1. tortinhas doces; 2. panquecas fininhas, geralmente salgadas, feitas com farinha de trigo-sarraceno; também designa uma espécie de pão achatado

gougère espécie de carolina de queijo

gratin dauphinois finas rodelas de batatas cruas gratinadas com creme de leite, manteiga e queijo ralado

grenadin (de veau) medalhão de carne de vitela envolto em *bacon*

hochepot cozido de carne de porco, vaca e cordeiro com legumes (norte da França)

île flottante ovos nevados

Pratos franceses

jambon persillé presunto cozido em aspic de salsinha (mais encontrado na Borgonha)

kouign amann bolo de massa folhada ou fermentada com muita manteiga e açúcar (Bretanha)

marignan bolinho ovalado de massa fermentada, recheado com creme chantili

matelote cozido de peixe de água doce, ou eventualmente de carne de vitela, em molho de vinho, cubos de toucinho e cebolas

miroton de boeuf ragu de carne bovina em molho de cebolas

mouclade mexilhões com molho de vinho e creme de leite com salsinha e gema de ovo

moules marinières mexilhões em molho de vinho branco com manteiga e chalotas

navarin ragu de carne de cordeiro ou carneiro com batatas e nabos

omelette norvégienne sorvete de baunilha coberto com uma massa de suspiro, rapidamente passado no forno e, em geral, flambado na mesa

Paris-Brest rosca de massa de bomba recheada com creme de amêndoas e polvilhada com amêndoas picadinhas

parmentier preparado de forno feito com carne moída e purê de batatas

petit salé carne suína salgada, servida, em geral, com lentilhas

pissaladière espécie de pizza feita com massa podre e cobertura de tomates, azeitonas, cebolas e anchovas (sul da França)

pithiviers espécie de torta de massa folhada, recheada de marzipã; também designa a massa folhada para ser recheada com miúdos ensopados, *escargots* etc.

potée cozido de carne, embutidos e legumes (o caldo geralmente é servido à parte)

poule au pot frango ensopado; ou cozido de frango com legumes em caldo de frango (ver também *waterzooï*, de Flandres)

profiterole bolinho doce de massa leve com recheio de creme; também em versão salgada, recheado, por exemplo, com purê de legumes

quatre-quarts bolo feito de quatro partes iguais de farinha, manteiga, ovos e açúcar

ratatouille cozido de legumes feito com berinjelas, abobrinhas, pimentões e tomates

rillettes espécie de patês gordurosos de carne, feitos, dentre outras, com carne gorda de pato, ganso ou com atum ralado, truta, salmão defumado etc. (mais comum no Vale do Loire e Bretanha)

rissole espécie de pastelzinho com recheio de carne, *champignons* ou frutos do mar; também pode ser doce, com recheio de compota de frutas ou geleia

rouille maionese condimentada com páprica picante e alho

Pratos franceses

saint-honoré bolo decorado com carolinas recobertas de glacê e guarnecido de creme chantili

salmis ragu de carne de caça, ave ou peixe em espesso molho de vinho

salpicon pedaços de frango, presunto e *champignons* picados ou desfiados, ligados com um pouco de molho de ragu; também usados como recheio

suprême designa a carne tenra do peito das aves; de modo geral designa também o melhor pedaço da carne ou do peixe ou o modo mais sofisticado de preparo de um prato

tablier de sapeur tripa de vitela empanada (especialidade de Lyon)

taboulé salada de trigo grosso com tiras de pimentões e tomates, condimentada com hortelã e limão

tarte Tatin torta de frutas caramelizadas (geralmente maçãs)

tripes à la mode de Caen cozido de tripas bovinas com cenouras e cebolas em molho de sidra, eventualmente flambado com Calvados

tripoux pés ou vísceras de cordeiro envoltos em pedaços de bucho ou intestino de carneiro, geralmente cozidos em molho de vinho branco (Auvergne)

viennoiseries pãezinhos doces, como *croissants* e rosquinhas, feitos apenas de massa fermentada ou folhada

waterzooï cozido de peixe ou aves com cenouras, alho-poró, salsão, cebolas e condimentos (especialidade de Flandres)

Pratos italianos

abbacchio alla cacciatora cordeiro de leite assado num molho de anchovas temperado com alecrim, vinagre e alho (Roma)

amaretto 1. licor; 2. biscoito de amêndoas

amatriciana, all' tradicional molho para massas feito com tomates, toucinho, cebolas, pimenta-vermelha e queijo pecorino ralado (original de Amatrice, pequena cidade no Lácio)

arista alla fiorentina assado de carne de porco à moda florentina, servido com vagens

arrabbiata, all' tradicional molho de tomates para massas, bastante picante, temperado com pimenta-vermelha, alho e cebolas (original do Lácio)

babà bolinho doce em forma de cogumelo, feito de massa fermentada com uvas-passas e servido com rum ou calda doce (Nápoles)

baci di dama bolinho macio, cortado ao meio, tipo casadinho, com recheio de chocolate (Piemonte)

bistecca alla fiorentina bife equivalente ao *T-bone* (Toscana)

bottarga ovas de tainha (***bottarga di muggine***) e de atum (***bottarga di tonno***), salgadas e secas, cortadas bem fininho e temperadas com azeite de oliva e suco de limão, servidas como entrada

brodetto marchigiano cozido com diferentes tipos de peixes do mar Adriático (especialidade do Marche)

bruschetta fatia de pão torrado, besuntada com alho e azeite de oliva (original do Lácio)

caciucco alla livornese cozido de lagosta, lula e, pelo menos, dois tipos de peixe branco e vieiras (Livorno)

cannelloni ripieni canelone recheado de carne ou ricota e, em seguida, levado ao forno

cannolo siciliano canudo de massa doce com recheio de ricota, frutas cristalizadas, chocolate e pistache, polvilhado com açúcar (Sicília)

cantucci, cantuccini bolacha de amêndoas da Toscana

caprese salada de mozarela, tomates e manjericão, temperada com azeite de oliva (Ilha de Capri)

carbonara, alla molho para massas feito com cubos de *bacon* refogados, ovos, queijo pecorino ou parmesão ralado e pimenta moída na hora

carpaccio finíssimas fatias de carne bovina crua, temperadas com azeite de oliva, limão ou vinagre balsâmico e guarnecidas de lâminas de queijo parmesão

Pratos italianos

cassata alla siciliana 1. bolo siciliano recheado com ricota, pistache, pedacinhos de chocolate e frutas cristalizadas; 2. torta de sorvete com frutas cristalizadas e pedacinhos de chocolate

cima alla genovese peito de vitela recheado com carne de vitela moída, glândula mamária ou cérebro de vitela, pinhões italianos (*pinoli*), ovos e ervas (Ligúria)

colomba pasquale bolo de Páscoa de massa fermentada em forma de pomba, salpicado com amêndoas e açúcar em grânulos; novas variações também com recheio de creme

cotechino e lenticchie tradicional prato do Ano Novo (para trazer sorte e prosperidade) feito com um embutido cozido (de carne de porco e toucinho com couro), servido quente com ervilhas e purê de batatas (Emília-Romana)

fegato alla veneziana fígado de vitela em tiras, frito com cebolas

granita siciliana refresco tipo raspadinha aromatizado com suco de limão ou de laranja, café forte, amêndoas ou calda de açúcar (Sicília)

insalata di riso salada fria de arroz com tomates, alcaparras, ovos cozidos e outros ingredientes

insalata russa salada de legumes com ovos cozidos e maionese, servida como acompanhamento

lasagne alla bolognese lasanha que intercala molho de carne moída e molho bechamel (Emília-Romana)

mostarda 1. mostarda; 2. espécie de *chutney* picante de frutas com mostarda, tradicionalmente servido com sopa de peixe (Planície do Pó)

osso buco, ossobuco guisado de pedaços de perna de vitela em molho de tomate e vinho branco (Milão)

pandoro bolo de Natal de massa fermentada bem fofa, polvilhado com bastante açúcar (originalmente de Verona)

panforte espécie de pão doce com especiarias, típico da Toscana (Siena), feito com mel, frutas secas e cristalizadas

panna cotta sobremesa feita com creme de leite cozido, açúcar, gelatina e baunilha

parmigiana di melanzane berinjela ao forno com molho de tomate, queijo parmesão ralado, mozarela e folhas de manjericão

passatelli tradicional sopa da Emília-Romana feita com massa à base de farinha de rosca, ovo, queijo parmesão e noz-moscada

pastiera torta de massa podre com recheio de ricota misturada com cereais e frutas cristalizadas (Nápoles)

pesto alla genovese molho para massas à base de manjericão macerado com azeite de oliva extravirgem, pinhões italianos (*pinoli*), queijo parmesão e alho (Ligúria)

Pratos italianos

pinzimonio molho à base de azeite de oliva extravirgem, sal, pimenta e suco de limão ou vinagre, em que se mergulham pedaços de legumes crus (cenouras, alcachofras, erva-doce, salsão etc.) durante a refeição

pizza margherita ícone da cozinha napolitana, feita pela primeira vez em 1889 com mozarela, tomates e manjericão, ou seja, com as cores da bandeira italiana, para homenagear a rainha Margarete de Saboia, em sua visita a Nápoles

polenta a polenta na Itália é tradicionalmente servida como acompanhamento de cozidos de carne, assados, embutidos, cogumelos e diferentes tipos de ragus (de carne de veado, coelho etc.); é muito comum no norte da Itália

polenta ai quattro formaggi polenta aos quatro queijos (por exemplo, queijo tomino, fontina, gorgonzola e parmesão ralado); os queijos são misturados e colocados sob a polenta quente

polenta concia o alla valdostana polenta com camadas intercaladas de queijo fontina, gratinada no forno (Vale d'Aosta)

puttanesca, alla molho para massas feito com anchovas, azeitonas, alcaparras, tomates, alho, pimenta-vermelha e salsinha (Campanha)

ragù alla bolognese molho para massas feito com carne bovina moída, molho de tomates, legumes picadinhos, azeite de oliva, sal e pimenta

ribollita tradicional e substanciosa sopa da Toscana, feita com feijão e couve, guarnecida de fatias de pão torrado; o nome significa "requentada"

risi e bisi prato típico de Veneza, feito com arroz e ervilhas

risotto preparado de arroz, que apresenta muitas variações de acordo com os ingredientes e gosto; geralmente é enriquecido com queijo parmesão ralado

risotto alla milanese risoto à moda de Milão, com açafrão e queijo parmesão ralado

risotto con le cozze risoto com mexilhões

risotto con le salsicce risoto com linguiças refogadas

risotto nero con le seppie risoto com lulas

saltimboca alla romana escalopinho de vitela frito na manteiga com presunto cru e sálvia em molho de vinho branco

soffritto legumes finamente picados (cebola, alho, salsão, ervas), refogados em azeite de oliva e cubos de *bacon*; usado como base para vários pratos

spaghetti aglio e olio espaguete com alho, azeite de oliva, pimenta e salsinha

spaghetti aglio, olio e peperoncino espaguete alho e óleo e pimenta-vermelha

spaghetti alle vongole espaguete com vôngoles, tomates, alho, pimenta e salsinha

tiramisù sobremesa fria composta de biscoitos embebidos em café forte e creme feito com queijo mascarpone e ovos, aromatizada com licor e salpicada com bastante chocolate em pó

Pratos italianos

torrone doce em forma de barra em inúmeras variações, composto de mel e avelãs ou amêndoas torradas

torta di riso espécie de torta de arroz doce com amêndoas, leite, amaretos e frutas cristalizadas, aromatizada com licor de amareto

torta pasqualina torta de Páscoa com recheio de acelga, parmesão ralado, ervas e ovos inteiros (Ligúria)

vitello tonnato fatias frias de carne de vitela, cozidas com legumes finamente fatiados, cobertas com um molho ralo feito com atum ralado, maionese, anchovas e alcaparras

zampone pé de porco recheado e cozido em fogo brando por várias horas, servido quente com lentilhas e purê de batatas ou outro tipo de purê (especialidade da Emília-Romana, típica do Ano Novo)

zuppa inglese sobremesa cremosa do tipo pavê, feita com bolachas embebidas em licor e um creme de gemas de ovos, farinha, açúcar, leite e chocolate, aromatizada com casca de limão. É originária da Emília-Romana e tem inúmeras variações

Pratos espanhóis

ajo blanco con uvas variação do *gaspacho andaluz* (ver abaixo) com bastante alho amassado e uvas (Andaluzia)

angulas al ajillo filhotes de enguias fritos ou refogados com alho (Valência)

arroz blanco con mejillones arroz preparado com mexilhões sem casca num molho ralo de tomates, cebolas, cenouras e alho-poró com vinho branco, *brandy* e pimenta caiena, acomodado em forma de anel (Valência)

arroz a la marinera arroz cozido com frutos do mar e pedaços de peixe bem picadinhos, temperado com bastante pimenta e servido com rodelas de batata cozida (Astúrias)

bacalao al ajo arriero bacalhau com molho puxado no alho, eventualmente enriquecido com pedaços de lagosta (Castela, Aragão, Navarra e País Basco)

bacalao al pil-pil bacalhau lentamente frito em azeite de oliva, alho e, às vezes, pimenta-vermelha, continuamente agitado na frigideira durante a fritura (País Basco)

calamares en su tinta (ou: chipirones en su tinta) lulas refogadas em azeite de oliva e depois cozidas com alho e cebola, em fogo lento, no molho de sua própria tinta ligeiramente espessado (País Basco)

caldereta asturiana ensopado de peixes e crustáceos do Atlântico, puxado nos temperos e geralmente enriquecido com xerez (Astúrias)

caldo gallego sopa de feijões brancos, cubos de presunto ou toucinho, linguiça, nabos e batatas (Galícia)

callos a la madrilena tripas cozidas lentamente em molho de vinho branco com tomates, *chorizo*, pedaços de presunto, morcela, cebolas, cenouras, alho-poró, alho e temperos (Castela)

changurro carne de siri ou caranguejo cozida em caldo de frango com pimenta caiena e depois gratinada com um molho feito de azeite de oliva, tomates, xerez ou *brandy*, espessado com miolo de pão (País Basco)

chilindrón molho picante feito com tomates, cebolas, alho, cubos de presunto serrano e pimenta-vermelha torrada (Aragão)

churro cilindro (ou rosca) de massa frito e passado em açúcar

coca discos de massa parecidos com pizza e cobertos com peixe, carne, fatias de *chorizo* ou verduras; em certas festas também é consumido com coberturas doces como frutas cristalizadas (Catalunha, Ilhas Baleares)

cochifrito espécie de fricassê de cordeiro de leite lentamente cozido com cebola, alho, suco de limão e salsinha (Aragão e Navarra)

cocido madrileno cozido de carne bovina e suína salgadas, joelho de porco, frango, *chorizo*, morcela e diversos legumes, especialmente grão-de-bico; nor-

Pratos espanhóis

malmente é servido em três etapas (original de Madri, hoje existe em toda a Espanha, com muitas variações)

crema catalana espesso creme de baunilha com uma crosta de caramelo (Catalunha)

embuchado tripas fritas ou cozidas com um recheio de carne de porco moída e tempero picante

empanada espécie de pastel assado com diversos recheios de carne, peixe, frutos do mar, aves ou peixes de água doce (Galícia)

fabada asturiana cozido de feijão-branco, joelho de porco salgado, *chorizo* e morcela; às vezes também contém repolho (Astúrias)

gazpacho andaluz sopa feita com tomates, abacates, alho e ervas, cozidos em caldo de legumes e, em seguida, amassados; é temperada com suco de limão e condimentos e servida fria com pedaços de pepino e pimentões (Andaluzia)

gazpacho manchego carne de caça, especialmente coelho, perdiz, pomba silvestre ou galinhola, cozida lentamente em molho feito com azeite de oliva e vinho tinto com cebolas (Castela)

habas a la catalana favas cozidas lentamente em molho de tomate com linguiça, salsinha, alho, hortelã e canela (Catalunha)

huevos a la flamenca ovos batidos sobre uma base de *sofrito* (ver abaixo) previamente preparada e acrescida de ervilhas, aspargos frescos e tiras de pimentões, levados ao forno (Andaluzia)

leche frita fatias de pudim de leite empanadas, fritas em óleo e manteiga e passadas em açúcar e canela (Cantábria)

lengua de ternera a la aragonesa cozido de língua de vitela, tomates, nabos e batatas em molho de chocolate (Aragão)

lombarda de San Isidro prato típico de Natal feito com pargo e repolho roxo num molho de creme de leite com amêndoas e uvas-passas

marmitako cozido de peixe feito com cavala ou atum refogados em azeite, batatas, cebolas, tomates, alho, pimentões e pimenta-vermelha (País Basco)

menudos a la gitanilla miúdos de boi ou outras vísceras num molho de cebolas e grãos-de-bico

migas em sentido amplo: pedacinhos de pão previamente amaciados em uma toalha úmida com sal e, em seguida, dourados em óleo quente

migas extremeñas cubos de presunto ou de toucinho refogados com pimentões, alho e cubos de pão torrados, em geral servidos como acompanhamento para ovos estrelados ou *chorizo* frito (Extremadura)

olla podrida cozido de carne de porco, orelha de porco, presunto defumado, *chorizo* e morcela com alho-poró, vagens, tomates, grãos-de-bico e cebolas (Castela)

Pratos espanhóis

paella prato de arroz com peixe, frutos do mar, pedaços de frango, tiras de pimentão, ervilhas etc., preparado em uma frigideira grande e temperado com açafrão (original de Valência, hoje encontrado em toda a Espanha)

parrillada de pescado y marisco prato de diversos peixes e crustáceos grelhados

pastel de conejo torta de carne de coelho coberta com purê de batatas com tomilho, alecrim e louro (Navarra)

pastel murciano torta de massa folhada com recheio de carne moída, tomates e pimentão (Murcia)

pichones estofados pequenas pombas refogadas em azeite de oliva e, em seguida, lentamente cozidas em um molho preparado com alho, cebola, vinho branco e chocolate picadinho (Castela)

pisto refogado de tirinhas de pimentão, tomates, abobrinhas, cebolas e ovos, servido como acompanhamento para carnes ou peixes (Castela)

pollo en pepitoria (ou: gallina en pepitoria) pedaços de frango refogados e, em seguida, cozidos num molho de vinho branco, amêndoas trituradas, alho, açafrão e gema de ovo (Andaluzia)

prueba prato quente feito com os ingredientes do *chorizo*: carne de porco, pimentões, alho, ervas e temperos (Extremadura)

rape con cebollas pedaços de peixe-pescador ligeiramente fritos em uma base feita com rodelas de cebolas refogadas em vinho branco

riñones al Jerez rins de vitela refogados em azeite de oliva e cozidos em molho de xerez, geralmente servidos com arroz de açafrão (Andaluzia)

romanescu molho picante feito com azeite, pimenta caiena picada, amêndoas e tomates picados, geralmente servido com uma suave maionese de alho (País Basco)

salsa verde molho verde feito com caldo de peixe, ervilhas amassadas ou pontas de aspargos frescos com azeite de oliva, alho e salsinha, utilizado no preparo de peixes (País Basco)

sofrito molho básico para muitos pratos, feito com alho, cebola e tomates refogados, eventualmente também com cubos de carne, espessado com miolo de pão

sopa de ajo (ou: sopa castellana) sopa feita com dentes de alho picados e migalhas de pão refogados com pimenta caiena e páprica em pó; eventualmente também com ovos *poché* (Castela)

sopa de cuarto de hora ensopado espesso de mexilhões e camarões em pedaços com arroz cozido (por quinze minutos) em vinho e suco de limão com açafrão (Andaluzia)

tapas na verdade trata-se de aperitivos compostos de grande variedade de pratos quentes e frios nas mais diversas combinações, que podem ser servidos também como prato principal

Pratos espanhóis

tortas rellenas de cidra tortinhas recheadas com doce de abóbora

tortilla española (ou: tortilla de patatas) substancioso omelete feito com fatias de batata e cebolas ligeiramente refogadas e misturadas a ovos batidos; também pode ser servida fria

truchas a la navarra trutas marinadas em vinho com pimenta, hortelã, tomilho, alecrim e cebolas e, então, aferventadas na marinada; eventualmente também recheadas com cubos de presunto (Navarra)

turrón doce em forma de barra feito com mel, açúcar, avelãs e amêndoas, típico do Natal (***turrón blando*** ou ***turrón de Jijona***, versão macia; ***turrón duro*** ou ***de Alicante***, versão dura, equivalente ao *nougat* francês)

xanfaina guarnição composta de salsão cozido, tomates, alho-poró e dos mais variados legumes, de acordo com a estação do ano (Catalunha)

zarzuela de mariscos ensopado feito com diversos crustáceos e moluscos em espesso molho de vinho branco, azeite, tomates, pimentões, amêndoas trituradas e cubos de presunto

Pratos alemães*

Apfelstrudel tradicional sobremesa feita com massa folhada recheada de maçãs cozidas, uvas-passas e canela; geralmente é servida quente com sorvete de creme e chantili ou com creme de baunilha

Bayerische Creme sobremesa que consiste em creme de baunilha com gelatina, leite, creme de leite, gema de ovo e açúcar

Baumkuchen bolo tradicional, muito rico, feito com várias camadas de massa e às vezes coberto com chocolate, frequentemente consumido no Natal

Bienenstich bolo de massa fermentada, recheado com creme de baunilha e coberto com amêndoas picadinhas, em geral passadas em mel

Birnen, Bohnen und Speck guisado feito com vagens, *bacon* e peras, geralmente servido com batatas cozidas (Hamburgo)

Bratkartoffeln batatas salteadas, em geral acrescidas de *bacon* e cebolas; servem de acompanhamento para vários pratos

Bratwurst salsicha grelhada, largamente consumida na Alemanha, com frequência vendida em quiosques e barraquinhas nas ruas, servida quase sempre com mostarda e pãozinho.

Boulette (ou Bulette) espécie de almôndega achatada, geralmente servida no pão branco com mostarda (Norte da Alemanha)

Currywurst comida vendida em quiosques na Alemanha, sobretudo em Berlim. Consiste numa salsicha grelhada, guarnecida de *catchup* ou molho de *curry*, polvilhada com *curry*

Dampfnudel pão de fermento, assado num recipiente hermeticamente fechado, de modo que fica com a parte inferior bem crocante e o restante macio (sul da Alemanha e Áustria)

Dicke Bohnen mit Speck ensopado feito com favas, *bacon* e condimentos (região do Reno)

Döner Kebab prato turco muito popular na Alemanha, constituído de carne, em geral de cordeiro, assada num espeto giratório vertical, servida fatiada, em pão turco; corresponde ao nosso churrasco grego

Eisbein jarrete de porco curado e cozido, geralmente servido com chucrute (*Sauerkraut*). No sul da Alemanha é chamado de *Schweinshaxe*

Erbsensuppe sopa de ervilhas (geralmente secas), com *bacon* e ervas

Flädlesuppe sopa feita com tirinhas de panquecas, temperada com salsinha e cebolinha, dentre outros condimentos (Suábia)

---

* Alguns pratos desta lista não são consumidos apenas na Alemanha, mas também em países vizinhos, como Áustria e Suíça.

Pratos alemães

Flammkuchen espécie de pizza coberta com *bacon* e cebolas (especialidade da Alsácia que se difundiu no sudoeste da Alemanha e Suíça)

Frankfurter Grüne Sosse (ou Grüne Sosse) molho frio feito com várias ervas picadinhas, óleo, vinagre, sal, pimenta e creme de leite, servido como acompanhamento de batatas e assados (Frankfurt e arredores)

Gaisburger Marsch ensopado de carne de vaca cortada em cubos, batatas e *Spätzle* (ver abaixo) (Suábia)

Griessbrei mingau feito com semolina e leite, geralmente servido com frutas, uvas-passas, compota de maçãs ou polvilhado com chocolate ou com açúcar e canela

Grünkohl und Pinkel prato à base de couve cozida lentamente com embutidos, costeleta de porco defumada e Pinkelwurst, salsicha feita de toucinho e aveia em grão (especialidade da cidade de Bremen e arredores)

Gugelhupf (ou Gugelhopf) tradicional bolo de massa fermentada feita com farinha, ovos, manteiga, leite e, às vezes, uvas-passas, assado em forma de anel (Áustria, sul da Alemanha e Alsácia)

Handkäse mit Musik queijo artesanal marinado com cebola, vinagre, óleo e sementes de alcarávia, servido como aperitivo (região do Hessen, Palatinado)

Herrencreme pudim de baunilha com creme chantili e raspas de chocolate

Himmel und Erde purê feito com batatas e maçãs, servido em geral com morcela grelhada e um refogado de cebolas e *bacon*

Kaiserschmarrn doce que consiste numa massa frita feita com farinha, ovos, açúcar, leite, manteiga e passas, polvilhada com açúcar (sul da Alemanha e Áustria)

Kartoffelpuffer (ou Reibekuchen) espécie de panqueca grossa feita com batatas cruas raladas, frita em óleo e servida com purê de maçã (especialmente região do Reno)

Kartoffelsalat salada de batatas cozidas com muitas variações, por exemplo, com óleo e vinagre, com creme de leite ou com maionese; geralmente acompanha pratos de salsichas grelhadas, costeleta de porco ou assados

Kassler costeleta de porco curada e defumada, geralmente servida com chucrute

Knödel (ou Klöß) bolinho de massa feito de semolina, pão ou batatas, que pode ser servido como prato principal, por exemplo, com molho de *champignon*, ou como acompanhamento (Alemanha, Áustria, Suíça e Boêmia)

Königsberger Klopse bolinhos de carne com molho de limão ou vinho branco e alcaparras (originalmente de Königsberg/Kaliningrad)

Kürbissuppe sopa de abóbora e condimentos

Labskaus prato feito com carne curada moída e misturada com arenque em conserva, batatas amassadas, cebolas e beterrabas, normalmente servido com ovos fritos e pepinos em conserva (norte da Alemanha)

Pratos alemães

Leberkäse espécie de bolo salgado feito com carne bovina e suína moídas, *bacon*, cebolas, sal e manjerona, levado ao forno e servido em fatias, em geral, com *Bratkartoffeln* (ver acima) e ovos estrelados; em algumas receitas também é acrescido de fígado (*Leber*) picadinho (Baviera e Palatinado)

Leipziger Allerlei cozido de legumes feito com ervilhas, cenouras, aspargos e outros vegetais; a versão tradicional é guarnecida de *champignons* e lagostim (típico da cidade de Leipzig)

Linseneintopf sopa de lentilhas enriquecida com embutidos, batatas e cenouras

Matjessalat salada de arenque marinado, geralmente guarnecida de batatas e cebolas (Hamburgo)

Maultaschen massa alimentícia recheada, parecida com ravioli, com diferentes ingredientes como carne, espinafre, cebola etc.

Rippchen mit Kraut (ou Frankfurter Rippchen mit Kraut) costeleta de porco defumada, servida quente, acompanhada de chucrute e, em geral, também de purê de batatas e mostarda (região do Hessen, sul da Alemanha)

Rote Grütze geleia de frutas vermelhas servida com molho cremoso de baunilha (norte e noroeste da Alemanha)

Sachertorte bolo de chocolate coberto com uma camada de creme de chocolate amargo, geralmente servido com creme chantili (original da Áustria e bastante comum na Alemanha)

Sauerbraten carne assada em marinada de vinho e vinagre, às vezes ligeiramente adocicada (região do Reno)

Sauerkraut é o famoso chucrute, repolho fermentado com inúmeras variações, servido como acompanhamento de diversos pratos da culinária alemã

Saumagen bucho suíno recheado com miúdos de porco, salsicha, sal, pimenta, noz-moscada, manjerona e outros condimentos (Palatinado)

Schmorbraten guisado de carne suína ou bovina

Schmorgurken pepino ligeiramente cozido com *bacon*, cebola e endro, dentre outros condimentos

Schwarzwälder Kirschtorte bolo floresta negra, isto é, feito com massa de chocolate umedecida com licor de cerejas, recheio e cobertura de creme chantili e cerejas em conserva

Schweinebraten carne de porco assada com uma crosta crocante, na Baviera geralmente servida com *Knödel* (ver acima)

Spätzle massa caseira de ovos, geralmente servida como acompanhamento para carnes (sul da Alemanha e Alsácia)

Springerle biscoitos típicos de Natal, feitos com ovos, açúcar e anis e moldados em forminhas com diferentes desenhos decorativos (comuns no sul da Alemanha e arredores)

Stollen espécie de panetone alemão, polvilhado com açúcar (tradicional da cidade de Dresden)

Pratos alemães

Tafelspitz cozido de carne de traseiro bovino, geralmente servido com raiz-forte (Alemanha e Áustria)

Weisswurst mit Brezel salsicha branca servida com mostarda doce e *pretzel*, rosca em formato de laço salpicada de sal grosso (típico da Baviera)

Wibele bolachinhas doces feitas com clara de ovo, farinha e açúcar de baunilha (típicas da Suábia)

Wiener Schnitzel escalope de carne de vitela empanada (originário da Áustria e bastante comum na Alemanha)

Zwiebelkuchen torta de cebolas enriquecida com *bacon*

2. Índices

English Index

A

"a decaf!" 213
a handful of 929
a mouthful 173
a panful 815
accompany 18
according to size 1089
acid 14
acidic 15
add 31
additional 30
additional charge 406
additive 32
advise 19
aftertaste 992
air 35, 97
air conditioning 98
alcohol 54
alga 62
all included 912
all-inclusive price 911
almond cream 384
almonds 79
amaranth 73
amchoor 76
anchovy 82
angelica 85
angler 869
anglerfish 851
animal 86
aperitif 89
appetite 91
appetizer 90
appetizing 92
apple 700
apple puree 931
apple sauce 931
appreciate 94
apricot 407
armchair 890
artichoke 52
artichoke base 573
artificial 107

arugula 1002
ashtray 302
asparagus 109
asparagus tips 895
aspic 110
assorted sliced meats 559
at the right temperature 1098
Atlantic wolffish 850
aubergine 162
avocado 1

B

back 363
back bacon 933
bacon 1128, 1130
bacon fat 1128
bad 1004
bake 113
baked apple 701
baked ham 916
balanced 459
ball 176
bamboo 136
banana 137
bar 145
barbel 143
barley 282
barrel 147
base 148
based on 149
basil 713
basis 148
basket 280
Batavia lettuce 59
bathroom 1110
bean curd 1114
beans 1158
bear's garlic 64
beat 157
beef 246

beef stock 345
beef tenderloin 692
beer 277
beet 164, 779
beetroot 164
belly of pork 146
berry 129
best before date 408
bilberry 753
bill 786
biological 796
bird 116
biscuit 168, 170, 177
biscuits 337
bitter 13, 75
black 920
black pudding 773
blackberry 81
blackcurrant 262
blade 622, 653
blanch 190
blend 755
blue 124
blue cheese 942
blue ling 722
blueberry 753
boil 525
boiled potatoes 153
boiled sweet 133
bone 797
bonito 187
book 841
book a table 521, 988
borage 188
bottle 584
bottle opener 7
bottling 456
bottom fermented 132
bouquet 198
bowl 1105, 1106
brain 751
braise 499
braised beef 619
bran 510

English Index

bread 450, 817
bread basket 281
bread roll 824
breadcrumbs 512
break 939
breakfast 212
bream 191
breast 842
breast of duck 843
brewery 278
brill 996
broad bean 517
broad beans 518
broccoli 192
brown 442
Brussels sprouts 370
bubble 178
buckwheat 1138
bunch 963
burn 948
business meal 69
butter 715
butter biscuit 169
buttermilk 676
buy 334

C

cabagge 985
cake 181, 1124
cake base 574
cakes 337
cakes and pastries 339
calf 1179
calf's head 201
camomile 226
cancel 228
candied lemon peel 260
candied orange peel 258
candy 621
cane sugar 24
Cape gooseberry 222
capers 53
capon 234
carafe 643
caramel 237
careful 402
carp 254
carrot 271
cartilage 257

carve 1139
cash 433
catfish 1059
cauliflower 371
caviar 266
celeriac 49
celery 1029
cellar 28
cep 317
chair 208
chamois 227
champagne bucket 289
chanterelle 231
char 1145
chard 12
cheap 140, 348
cheek 174
cheese 940
cheese platter 1084
cheese spread 945
cheesecake 292
cherry 276
cherry tomato 1117
chervil 275
chestnut 263
chicken 552, 577
chicken broth 218
chicken giblets 757
chicken soup 218
chickpeas 610
chicory 451
chil(l)i 878
child's seat 114
children's menu 242
children's portion 242
chimney 288
chine 363
Chinese cabbage 11
Chinese leaves 11
Chinese mushroom 316
chips 155
chives 269
chocolate 186, 297
chocolate cream 186
choice 473, 1045
choose 475, 1046
chop 299, 364, 365, 876
chopstick 150
choux pastry 725
chump 933
cider 1058

cilantro 313
cinnamon 230
citrus fruits 564
clean 683, 685
cleaning 684
clear 304
clear soup 216
clementine 305
client 306
cloakroom 291
closing day 542
clot 308
clothes hanger 202
clove 381
coagulate 308
coalfish 469
coarse 615
coarse (brown) bread 823
coaster 420
coat hanger 202
cock 580
cockerel 552
cockle 161
cocktail onion 270
cocoa 207
coconut 310
cod 125
coffee 210
coffee machine 214
coffee pot 197
coffee spoon 321
cold 558
cold slices 559
coley 469
colour 350
colouring 352
common dentex 414
common purslane 160
compare 328
complain 949
complain about *sthg* 975
complaint 974
composition 330
compote 331
condensed milk 669
confectionary 337
conger *(eel)* 341
conger eel 206
consommé 345
consume 346
consumption 347

English Index

cook 378, 380
cooked 896
cooked ham 917
cookie 177
cookies 337
cool 554
cool bag 185
cool counter 134
cool down 479
cool off 479
coriander 313
cork 997
corkscrew 1011
corn 274, 609, 748
cost 405
country inn 629
courgettes 6
course 904
cover 374
cow 575, 1155
crab 238
crackling 1123
cracknel 440
cranberry 806
crayfish 238
cream 382, 383, 386
cream cheese 944
cream puff 1068
cream soup 1070
cream tart 1125
creamed horseradish 388
creamy 389, 485
credit card 256
cress 39
crispy 392
crockery 695
croissant 393
croquette 394
croquette potatoes 395
crumb 747
crunchy 392
crust 396, 894
crystallize 391
crystallized fruit 565
cube 399
cube sugar 26
cucumber 853
cuisine 377
cumin 327
cup 349
curd cheese 946
curly endive 61

currants 1154
cushion 70
custard 385
customer 306
customers 307
cut 357
cut into slices 516
cutlery 1087
cutlet 299, 364, 365

D

dab 1065
dairy product 660
damp 1148
dandelion 415
dandelion salad 1019
Danish pastry 338, 439
dark 477
date 1090
date plum 235
dear 253
decaffeinated 419
decaffeinated coffee 213
decant 409
deep freeze 340
deep fry 560
deer 1162
delicatessen salad 1021
delicious 413
deliver 549
depending on the time of year 495
dessert 1061
diced bacon 401
diet 426
different 427
digest 428
digestible 429
dill 452
dilute 432
dine 642
dining hall 1017
dining room 1017
dinner 641
dish 904, 1105, 1106, 1135
dish of the day 906
distribute 434

divide 435
divide into portions 436
dogfish 206
done 896
dough 724
doughnut 1067
dozen 444
dress 1095
dried cod 126
dried fruit 562
dried fruits 566
dried meat 251
dried peas 466
drink 158, 159
drop 604
dry 13, 1040, 1041
duck 836
duck liver 529
duckling 533
dumpling 180
durum wheat 1137
duty 631, 1092
dye 352

E

ear 795
easily digestible 430
easy 507
eat 324
ecological 445
edge 189, 622
edible bolete 317
eel 453
egg 802
egg cup 902
egg white 303
egg yolk 593
eggplant 162
elder 1010
empty 1161
end piece 894
endive 472
escalope 468
escolar 83
estimate 94
evaporate 501
evaporated milk 669
even 689
exact 502
excellent 503
expensive 253

English Index

expiry date 408
extract 505

F

fat 601, 602
fat chicken 887
fat content 1102
fennel 462
ferment 523
fibre 526
fibrous 527
field lettuce 60
fig 530
fill 972
fillet 358, 531
fillet of pork 532
filling 973
fine 534
finger bowl 662
fireplace 288
firm 535
first slice 360
fish 845, 870
fish soup 1072
fish stock 367
fishbone 490
fisherman 869
flake 537
flaky 726
flambé 536
flat 965
flavour 104
flavour enhancer 967
flounder 1064
flour 511
floury 514
flower 538
foam 494, 519
foie gras 541
fondant 546
food 66
food intolerance 639
forest berries 567
forest mushrooms 318
fork 583
form 547
fragile 550
fragrance 862
freeze 340
French bread 131
fresh 554

fricassee 555
fridge 588
fried egg 803
fried potatoes 156
fried sausage 1032
fries 155
friseé lettuce 61
frog's legs 376
froth 494, 519
fructose 570
fruit 561, 568
fruit flesh 888
fruit pulp 888
fruit salad 1020
fruity 563
full 293
full cream milk 674
furnish 3

G

game 205
game stew 618
garden cress 38
garlic 63
garpike 846
gel 592
germ 596
German sparkling wine 1044
giblets 756
ginger 594
glass 1170
glasswort 1026
glaze 598, 599
gluten-free 600
go mouldy 760
go sour 122
goat 203
goat kid 204
goat's cheese 941
good value 348
goose 581
gooseberry 1151
goulash 620
gourmet 605
grain 274, 609
granulated 608
grape 1150
grapefruit 1120
grate 962
gravy boat 765

gray 301
greaseproof paper 825
green 1168
green crab 240
greengage 960
greet 403, 968
grenadier 607
grey 301
grill 612, 613
gristle 257
groats 749
ground 762
guess 94
guinea fowl 578
gurnard 849

H

haddock 623
hake 742
half 744
halibut 624
ham 915
hand 716
hang 729
hard 443
hard candy 133
hard cheese 943
hare 664
harmful 785
harmonious 459
haunch 363
have dinner 642
have lunch 67
have supper 642
hazelnut 118
head 200
head waiter 709
healthy 1037
heart 351
heart of palm 813
heat 220
heat up 96
heavy 867
heifer 165
help 50, 51
herb 460
herring 101
hit 157
home marinated 719
homemade 261
honey 733

English Index

hors d'oeuvre 454
horseradish 961
hot 875, 951
hot plate 971
humidity 1147
hunger 545
husk 1156

I

ice 1075
ice bucket 135
ice cream bowl 1085
ice cube 400
iceberg lettuce 58
iced coffee 630
icing sugar 25
imaginative 390
indicating the year of production 633
indigestible 634
indispensable 635
ingredients 636
inn 990
invoice 786

J

jam 590
Japanese persimmon 235
jelly 589
john dory 1014
joint 111
jug 645
juice 1080
juicy 1081
juniper berry 130

K

kaki 235
kale 368
keep 343
keep cold 478
keep cold 989
keeps well 861
kidney 993
king prawn 652
kirsch 953

kitchen 377
knife 506
knuckle 644
knuckle of pork 647
kohlrabi 373
kosher 649

L

lactose-free 650
lamb 353
lamb's lettuce 60
lamprey 655
langouste 651
lard 139, 658, 1128
lather 494, 519
laurel 696
lavender 662
lay the table 898
layer 221
leaf 543
leek 65
leg 375, 863
leg of veal 864
lemon 682
lemon grater 492
lemon peel 259
lentils 677
lettuce 57, 1018
light 540
lime 680, 681
lime blossom tea 285
liqueur 679
liquid 688
litre 690
litter 991
little 903
liver 528
liver of goose or duck 541
liver pâté 834
living 1182
loaf 822
lobster 661
lobster soup 1071
local 982
local wine 1177
loin of pork 532
long 335
longan fruit 694
long-life milk 675
lose 858

lovage 678
low-fat 708
low-fat milk 671
lukewarm 774
lump 1127
lunch 68
lung 928

M

macaroon 309
mackerel 264
macrobiotic 705
Madeira cake 182
main course 907
maize 748
malt 711
mandarin 1091
mangetout 464
mango 712
many 777
marbled 455
marinade 718
marinate 720
marjoram 714, 794
market 740
marmalade 591
marzipan 723
mash 520, 930
mat 420
match 812
mature 707
maturity 706
meal 325, 979
mealy 514
measure 731
meat 243
meat ball 71
meat juice 217
meat loaf 183
meat stock 345
medlar 784
mellow 1077
melon 735
melt 417
menu 241
menu of the day 738
meringue 741
mild 1077
milk 668
milk powder 672
milk product 660

English Index

milky coffee 211
millet 808
mince 249, 759
mint 628
mint tea 284
mirabelle 752
mix 755
mixed 754
mixed grill 300
mixed vegetables 703
monkfish 851
morel 315
mouf(f)lon 776
mould 547, 761
mouth 171
mouthful 172
much 777
mug 229, 645
mule 199
mullet 1086
mushroom 290, 314
mussels 746
mustard 775
mutton 245, 252

N

napkin 617
native 982
natural 780
neat 431
necessary 782
neck 871
nectarine 783
need 909
nettle 1149
Nile perch 857
non-smoking area 100
noodle 702
not much 903
not sprayed 41
nut 787
nutcracker 938
nutmeg 788

O

oats 117
ocean perch 232
octopus 699, 891
of choice 474

oil 790
oily 792
old 1166
olive 123, 167
omelette 793
on the basis of 149
onion 267
opening times 626
orache 461
orange 656
order 840, 841
oregano 794
organic 796
organically-grown 796
origin 922
outlet 468
ox-cheek 809
oxtail 957
oyster 316, 798

P

pack 448
pair 828
pan 557
pancake 816
parsley 1033
parsnip 832
part 830
partridge 859
pasta 728
paste 930
pasteurize 831
pâté 833
pâté de foie gras 835
pay 807
peach 873
peanut 80
pear 855
pear brandy 48
pear melon 736
pearl onion 270
peas 465
peel 421
pepper 93, 827, 877, 879
pepper mill 758
pepper pot 880
pepper shaker 880
perch 856
perishable 860
pheasant 508

pick 319
picked cabbage 298
pickle 344
pickled gherkin 854
pickled herring 103
pickled knuckle of pork 447
pickled meat 250
piece 839
piece of loin 691
pig 901
pig's snout 539
pig's trotter 838
pigeon 892
piglet 666
pike 697
pike(-)perch 698
pilchard 1036
pinch 885
pine nuts 882
pineapple 2
pip 1048
pippermint 628
pistachio 884
place setting 374
plaice 1063
plain cake 182
plain cooking 326
plait 1133
plate 905
plate warmer 95, 971
please 897
pluck 319
plum 77
plum brandy 46
plum schnapps 46
poach 467
pod 1156
polite 361
politeness 362
pollack 469, 470
pollock 469
pomegranate 999
poor cod 509
poppy 826
porcelain 900
pork 901
pork olive 167
portion 899
pot 814
potato 151
potatoes boiled in their skin 154

potted meat 833
poultry 120
pound 732
pour 422, 1057
powder 886
prawn 223
pre-baked 908
precise 502
pre-cooked 908
prepare 914
preservative 342
press 493
pretzel 921
price 910
processed cheese 945
product 924
production 923
protected 926
prune 78
pudding 927
puff pastry 726
pulses 665
pumpkin 5
pumpkin seeds 1049
purchase 333, 334
pure 932
puree 520, 930
put together 329

Q

quail 311
quality 934
quantity 935
quark 946
quarter 936
quince 721

R

rabbit 312
rabbit fricassee 556
radish 954, 955
ragout 958
rainbow trout 1144
rancid 964
rape 323
rare 710
rasher of bacon from the loin 1132
raspberry 551

raspberry brandy 47
raw 397
raw fruit and vegetables 398
raw ham 918
raw sausage 1031
ray 959
ray's fin 141
razor-clam 781
ready 925
reasonable 348
receive 968
reception 970
recipe 969
recommend 977
recommendation 976
red 1169
red cabbage 986
red deer 279
red deer calf 1180
red fish 232
red mullet 1028
red porgy 441
red sea bream 163
red shrimp 225
redcurrant 614
refine 980
refined sugar 27
refined sugar crystals 22
refreshing towel 1113
refreshment 981
refrigerator 588
refuse 991
regulation 983
remove 984
replace 1078
require 909
reservation 987
reserve 521, 841
reserve a table 988
restaurant 990
restroom 1110
rhubarb 1003
rice 105
rice pudding 106
rind 366
ring 84, 1001
ring-shaped 404
ripe 707
ripeness 706
roach 209
roast 111, 113, 613

roast beef 244, 1000
roast chicken 553
roast of beef or pork 112
roasted 1122
rocambole 270
rock candy 21
rocket 1002
roe 800
roll 9, 998
rolled and boned 112
rolled and roast loin of veal 693
room 1023
room temperature 1097
rose fish 232
rosemary 55
roulade 167
round 978
round slice 995
roundnose grenadier 606
rubbish 991
rucola 1002
rule 983
rum 1005
rumen 195
rump 933
rusk 1121
rustic 1006
rye 272, 609

S

saddle 363, 937
saffron 10
sage 1034
sago 1013
saithe 469
salad 1018
salad bowl 1022
salad buffet 196
salad sauce 770
salmon 1027
salmon trout 1143
salsify 476
salt 344, 1015, 1025
salt cellar 1024
salted meat 250
sardine 1036
sauce 766

English Index

sauceboat 765
saucepan 814
saucer 883
sauerkraut 298
sausage 1030
savarin 1038
savoury 1043
savoy cabbage 369
scallop 1171
scent 295
schnapps 45
scrambled eggs 805
scrape 966
sea 717
sea bass 994
sea bream 441
sea buckthorn 491
sea kale 372
sea urchin 799
seafood 569
season 496, 1095
seasoning 1099
seed 1048
select 1046
selection 1045
self service 1047
semolina 1052
serve 1056
service 1053
service charge 1093
service included 1054
service not included 1055
serviette 617
sesame 595
set meal for tourists 739
Seville orange 657
shad 1039
shallot 270, 287
shark 1146
shark's fins 142
sharp 13, 36
sheep 801
shell 421
shellfish 771
shoot 193
shore crab 240
short crust pastry 727
shoulder 810
shred 359
shrimp 223, 224
side dish 16

simmer 525
simple 1060
sirloin 692
size 1088
skewer 487
skimmed milk 671
skin 421, 852, 1109
skipjack tuna 187
slaughter 4
slice 515
sliced bread for toasting 818
slipper lobster 265
sloping 425
small ball 179
small skewer 486
small slice 654
small stick 150
small tart 1126
smell 294, 295, 862
smelt 458
smoke 411, 571, 572
smoke detector 423
smoked 410
smoked bacon 1129
smoked fish 847
smoked ham 919
smoked herring 102
smoked tofu 1115
smoking area 99
smoking zone 99
smooth 689
snack 1035
snail 471
snail tongs 881
snapper 414, 829
snipe 579
soft 704, 763
soft boiled egg 804
soft ice 1076
sole 687
sorbet 1073
sorrel 121
soufflé 1082
soup 216, 1069
sour 15
sour cherry 597
sour cream 387
sour milk 673
soy bean sprouts 194
soya beans 1062
soya milk 670
soya sauce 768

soybeans 1062
Spanish onion 268
sparkling 446, 586
sparkling water 43
sparkling wine 1176
sparling 458
speciality 482
spelt 483
spice 1099
spicy 875
spider crab 239
spill 416
spinach 488, 489
spiny lobster 651
spirit 45
spit 487
spleen 127
sponge cake 819
sponge finger 170
spoon 320
sprat 480
spring onion 270
sprinkle 481
sprout 193
squid 699
star aniseed 87
star fruit 236
starter 454
steak 166
steam 379
stew 499
stewed plums 332
stick 616
still 587
stir 745
stock 216
stomach 497
stone 1048
stone bass 296
store 989
store cold 478
straw 233
strawberry 772
streaky 455
streaky bacon 1131
strike 157
strip 1108
stuff 972
stuffing 973
sturgeon 500
substitute 1079
sucking pig 666
sugar 20, 34

English Index

sugar cubes 26
sugar snap pea 464
sultana 1152, 1153
sunflower oil 791
sunflower seed 1050
supper 641
supplementary 30
supplier 548
supply 3, 549
surprise 1083
swede 1007
sweet 186, 437, 438, 621
sweet cucumber 736
sweet potato 152
sweet-and-sour 40
sweetbreads 764
sweeten 34
sweetener 33
swordfish 848
syrup 215

T

table 743
table wine 1174
tablecloth 1112
tail 956
take away 984
tankard 645
tarragon 498
tart 1124
tartlet 1126
taste 1008
taste of 1103
tasting menu 737
tasty 1009
tax 631, 1092
T-bone steak 1094
tea 283
teaspoon 322
temperature 1096
ten grams 424
tender 704, 763, 1101
terrine 1104
thank you 789
thanks 789
thermos® 585
thick 485
thicken 484
thin 534

thirst 1042
thyme 1118
tilapia 1107
tin 659
tin opener 8
tip 603
tofu 1114
toilet(s) 1110
tomato 1116
tomato puree 889
tomato sauce 769
tongue 686
toothed sparus 414
toothpick 811
top-fermented 72
toss 1095
tough 443
tourist menu 739
towel 1111
transparent 1134
tray 138
tripe 1140
trout 1142
truffle 1141
try 504
tuna 115
turbot 913
tureen 1104
turkey 865, 866
turn 1178
turn over 1178
turn round 1178
turnip 779
type of grape 273

U

UHT milk 675
unbreakable 637
uncork 418
undiluted 431
use by date 408
usual 336

V

value added tax 632
vanilla sauce 385
vanilla sugar 23
varied 1159
various 427

vary 1160
VAT 632
veal 248
veal breast 844
veal medallion 730
veal olive 167
vegan 1164
vegetable 627, 1163
vegetable broth 219
vegetable patty 625
vegetable stock 219
vegetarian 1165
veggie burger 625
velvety 119
venison 205, 247, 1162
ventilation 1167
Venus mussel 1184
verbena tea 286
vermicelli 56
vervain tea 286
very young lamb 354
vinegar 1172
vintage 1012
vol-au-vent 1183

W

wafer 1185
waffle 1185
wait 44
waiter 582
waiting time 1100
walnut 787
want 952
warm 950
warm up 96
wash 663
water 42
water melon 734
watercress 37
wax bean 1157
WC 1110
weekly market 522
weigh 868
weight 872
wether 252
wheat 1136
whey 1074
white butter sauce 767
whiting 128
whole 638

English Index

wholemeal 1051
wholemeal bread 820
wholemeal flour 513
wholesome 1037
wild boar 646
wild duck 837
wild herbs 463
wild thyme 1119
wine 1173
wine grower 1181
wine leaves 544
wine list 255
wine storage cabinet 29

wine tasting 412
wine waiter 1066
wing 108
wish 952
with side dish 17
without gluten 600
without salt 1016
wood pigeon 893
woodcock 579
wrap (up) 448
wrapped in pastry 457
wrasse 175
write down 88

Y

yeast 524
yellow 74
yellow turnip 1007
yoghurt 640
young 648
young wild boar 667

Z

zest of a citrus fruit 259
zucchini 6

Index français

A

... issu de l'agriculture biologique 796
à base de 149
à point 896
abaisse f 574
abats mpl 756
abattis m 757
abattre 4
abricot m 407
accompagnement m 16
accompagner 18
accueil m 970
accueillir 968
achat m 333
acheter 334
acide 14
acidulé 15
âcre 13
additif m 32
aération f 1167
aérer 35
affiner 980
agneau m 353
agneau m de lait 354
agrumes fpl 564
aide f 50
aider 51
aiglefin m 623
aigre-doux 40
aigrir 122
aiguillat m 206
aiguisé 36
ail m 63
ail m d'Espagne 270
ail m des ours 64
aile f 108
aile f de raie 141
ailes fpl de requin 142
air m 97
airelle f 806
ajouter 31
alcool m 54
alcool m blanc 45
algue f 62
aliments mpl 66
alkékenge f 222
allégé 708
allumette f 812
alose f 1039
aloyau m 691
amandes fpl 79
amarante f 73
améliorer 980
amer 75
amuse-bouche m 90
ananas m 2
anchois m 82
aneth m 452
angélique f 85
anguille f 453
animal m 86
anneau m 84
annuler 228
apéritif m 89
appétissant 92
appétit m 91
apprécier 94
approvisionner 3
âpre 13
arachide f 80
araignée f de mer 239
arête f 490
argent m comptant 433
argousier m 491
arôme m 104
arrière-goût m 992
arroche f 461
artichaut m 52
artificiel 107
asperge f 109
assaisonner 1095
assiette f 905
assiette f enfant 242
assortiment m 1045
attendre 44
au choix 474
auberge f 990
auberge f campagnarde 629
aubergine f 162
avec soin 402
avocat m 1
avoine f 117
avoir besoin de 909
avoir le goût de 1103

B

babeurre m 676
badiane f 87
baguette f 150
baie f 129
bale f de genévrier 130
bambou m 136
banana f 137
bande f 1108
bar m 994
barbeau m 143
barbue f 996
barde f 1132
bardière f 1132
barquette f 144
barre f 145
base f 148
basilic m 713
batavia f 58, 59
battre 157
baudroie f 851
beaucoup 777
bécasse f 579
beignet m 1067
bette f 12
betterave f 779
betterave f rouge 164
beurre m 715
beurre m blanc 767
bière f 277
bifteck m 166
biologique 796
biscotte f 1121
biscuit m (à la) cuiller 170
biscuit m sec 177
bisque f de homard 1071
blanc m d'œuf 303
blanchir 190
blé m 1136
blé m dur 1137
blé m noir 1138
blette f 12
bleu 124, 710
bleu m 942
bœuf m 246, 575
bœuf m braisé 619

Index français

boire 158
boisson f 159
boîte f 659
bol m 1105, 1106
bolet m 317
bon marché 140, 348
bonbon m 133
bonbon m de chocolat 186
bonite f 187
bord m 189
bouche f 171
bouchée f 172
bouchon m 997
boudin m 773
boudoir m 170
bouillie f 930
bouillir 525
bouillon m 216
bouillon m de légumes 219
bouillon m de poule 218
bouillon m de viande 345
bouillon m de volaille 218
boule f 176
boulette f 179, 180
boulette f de viande 71
bouquet m 198, 963
bourrache f 188
boutellie f 584
braiser 499
brasser 745
brasserie f 278
brassin m 216
brebis f 801
brème f 191
bretzel f 921
brioche f 821, 1133
broche f 487
brochet m 697
brochette f 486
brocoli m 192
brugnon m 783
brûler 948
brun 442
bucarde f 161
buffet m (de) salades 196
bulle f 178

C

cabillaud m 125
cabri m 204
cacahouète f 80
cacao m 207
café m 210
café m au lait 211
café m décaféiné 213
café m liégeois 630
cafetière f 197
cafetière f thermos 585
caille f 311
cailler 308
cal(a)mar m 699
camomille f 226
canard m 836
canard m de barbarie 837
canard m sauvage 837
candir 391
caneton m 533
canette f 533
cannelle f 230
câpres fpl 53
carafe f 643
carambole f 236
caramel m 237
carotte f 271
carpe f 254
carré m de côtes 365
carrelet m 1063
carte f de crédit 256
carte f des vins 255
carte f du jour 738
cartilage m 257
casse-croûte m 1035
casse-noix m 938
casserole f 814
cassis m 262
cave f 28
cave f à vin 29
caviar m 266
céleri m 1029
céleri m rave 49
cendrier m 302
cep m 317
cépage m 273
céréales fpl 274
cerf m 279
cerfeuil m 275
cerise f 276
cernier m 296

cervelle f 751
chaise f 208
chaleur f 220
chambré 1098
chamois m 227
champignon m 314
champignon m de Paris 290
champignons mpl des bois 318
champignons mpl sylvestres 318
chanterelle f 231
chapelure f 512
chapon m 234
charcuterie f 449
châtaigne f 263
chaud 950, 951
chauffe-assiettes m 95
chauffe-plat m 971
chauffer 96
chef m de rang 709
cheminée f 288
cher 253
chèvre m 203, 941
chevreau m 204
chevreuil m 247, 1162
chipiron m 699
chocolat m 186, 297
choisir 475, 1046
choix m 473, 1045
chou m 985
chou m à la creme 1068
chou m chinois 11
chou m de Bruxelles 370
chou m fleur 371
chou m frisé 369
chou m marin 372
chou m rave 1007
chou m rouge 986
chou m vert 368
choucroute f 298
ciboulette f 269
cidre m 1058
cintre m 202
citron m 682
citron m vert 680
citronnat m 260
citrouille f 5
civet m 618
clair 304

Index français

clémentine f 305
client m 306
clientèle f 307
climatisation f 98
clou m de girofle 381
coaguler 308
cochon m 901
cochon m de lait 666
cœur m 351
cœur m de palmier 813
coing m 721
coing m de Chine 235
colin m 742
collation f 1035
coller 616
collier m 871
colorant m 352
colza m 323
combiner 329
commande f 840
commander 841
comparer 328
composer 329
composition f 330
compote f 331
compote f de pommes 931
compote f de prunes 332
concentré m de tomate 889
concombre m 853
condiment m 1099
confire 391
confiserie f 621
confiture f 590
congeler 340
congolais m 309
congre m 341
conseiller 19
consommation f 347
consommé m 345
consommer 346
coq m 580
coquelet m 552
coquetier m 902
coquillage m 771
coquille f Saint-Jacques 1171
corbeille f à pain 281
coriace 443
coriandre m 313
cornet m 393

cornichon m 854
corsé 875
cosse f 1156
côte f 364
côte f à l'os 1094
côtelette f 299, 364
cou m 871
couche f 221
couenne f 366
couleur f 350
coulis m de tomate 769
coupe f 1105
coupe f de glace 1085
couper 357
couper en tranches 516
courbe 404
courge f 5
courgette f 6
couronne f 1001
court-bouillon m 367
coussin m 70
couteau m 506, 781
coûter 405
coûteux 253
couvert m 374, 1087
crabe m 238
crabe m vert 240
crambe m 372
crème f 382, 386
crème f à la vanille 385
crème f anglaise 385
crème f aux amandes 384
crème f Chantilly 383
crème f fouettée 383
crème f fraîche 387
crème f renversée 927
crémeux 389
crêpe f 816
cresson m 37, 39
cresson m alénois 38
crevette f géante 225
crevette f grise 223, 224
croissant m 393
croquant 392
croquette f 394
croquettes fpl de pommes de terre 395
crotte f de chocolat 186
croustillant 392
croûte f 396

cru 397
cruche f 645
crudités fpl 398
cube m 399
cueillir 319
cuiller f 320
cuiller f à café 321
cuiller f à thé 322
cuire 113
cuire à l'étuvée 379
cuisine f 377
cuisine f familiale 326
cuisiner 378
cuisinier m 380
cuisse f 375, 863
cuisseau m 863, 864
cuisses fpl de grenouilles 376
cuissot m 863
cumin m 327
cure-dents m 811

D

date f de péremption 408
datte f 1090
dauber 499
de biais 425
de bonne conservation 861
de fermentation basse 132
de fermentation haute 72
dé m 399
déboucher 418
déca m 213
décaféiné 419
décanter 409
déchets mpl 991
découper 516, 1139
dégustation f de vins 412
déjeuner 67
déjeuner m 68
déjeuner m d'affaires 69
délicieux 413
demi-sel m 250
denrées fpl 66
denté m 414

Index français

denti *m* 414
dépiauter 1109
dépouiller 1109
désirer 952
dessert *m* 1061
dessous *m* 420
détecteur *m* de fumée 423
different 427
digérer 428
digeste 429
diluer 432
dinde *f* 866
dindon *m* 865
diner 642
dîner *m* 641
directive *f* 983
distribuer 434
divers 427
diversifié 1159
diviser 435
dix grammes 424
dorade *f* 441
dos *m* 363
doucette *f* 60
doux 437, 1077
douzaine *f* 444
du pays 982
dur 443

E

eau *f* 42
eau *f* gazeuse 43
eau-de-vie *f* 45
eau-de-vie *f* de cerises 953
eau-de-vie *f* de framboise 47
eau-de-vie *f* de poire 48
eau-de-vie *f* de quetsche 46
ébouillanter 190
écailler 421
échalote *f* 287
échine *f* 871
écologique 445
écrevisse *f* 238
écuelle *f* 1106
écume *f* 494
édulcorant *m* 33

effervescent 446
élinette *f* 206
emballer 448
émincé *m* 874
émincer 359
en croûte 457
en-cas *m* 1035
encornet *m* 699
endive *f* 451
enlever 984
entame *f* 360
entier 638
entrelardé 455
épaule *f* 810
épeautre *m* 483
éperlan *m* 458
épice *f* 1099
épicé 875
épinards *mpl* 488
épinards *mpl* en branches 489
éplucher 421
équilibré 459
ersatz *m* 1079
escalope *f* 468
escargot *m* 471
escolier *m* 83
espace *m* fumeurs 99
espace *m* non-fumeurs 100
espadon *m* 848
essayer 504
essuie-mains *m* 1111
estimer 94
estomac *m* 497
estragon *m* 498
esturgeon *m* 500
étuver 379
évaporer 501
exact 502
excellent 503
extrait *m* 505

F

fabrication *f* 923
facile 507
facture *f* 786
faim *f* 545
faire la cuisine 378
faisan *m* 508
fait maison 261

farce *f* 973
farcir 972
farine *f* 511
farine *f* complète 513
farineux 514
fauteuil *m* 890
fenouil *m* 462
ferme 535
fermenter 523
fermeture *f* hebdomadaire 542
feuille *f* 543
feuilles *fpl* de vigne 544
fève *f* 517
fèves *fpl* 518
fèves *fpl* de soja 1062
fibre *f* 526
fibreux 527
figue *f* 530
fil *m* 622
filet *m* 531
filet *m* de bœuf 692
filet *m* mignon 532
fileter 358
fin 534
flamber 536
flan *m* 927
flet *m* 1064
flétan *m* 624
fleur *f* 538
flocon *m* 537
foie *m* 528
foie *m* de canard 529
foie *m* gras 541
foncé 477
fond *m* 217
fond *m* blanc 216
fond *m* d'artichaut 573
fond *m* de tarte 574
fondant *m* 546
fondre 417
forfaitaire 1127
forme *f* 547
fort 875
fouetter 157
fourchette *f* 583
fournir 3, 549
fournisseur *m* 548
fragile 550
frais 554
fraise *f* 772
framboise *f* 47, 551

Index français

frangipane f 384
friandise f 621
fricassé m 555
frigo m 588
frire 560
frisée f 61, 472
frites fpl 155
froid 558
fromage m 940
fromage m à pâte dure 943
fromage m blanc 946
fromage m blanc aux fines herbes 947
fromage m bleu 942
fromage m de chèvre 941
fromage m fondu 945
fromage m frais 944
froment m 1136
fructose m 570
fruit m 568
fruité 563
fruits mpl 561
fruits mpl confits 565
fruits mpl de mer 569
fruits mpl des bois 567
fruits mpl séchés 562
fruits mpl secs 566
fumé 410
fumée f 571
fumer 411, 572

G

galette f 576
gambon m rouge 225
garçon m 582
garder 343
gardon m 209
garni 17
garniture f 16, 973
gâteau m 181, 1124
gâteau m sec 168
gaufre f 1185
gazeuse 586
gelée f 110, 589
gélifier 592
génisse f 165
génoise f 819
germe m 596
gibelotte m de lapin 556

gibier m 205
gigot m 863
gingembre m 594
girolle f 231
glaçage m 599
glace f 1075
glacer 598
glaçon m 400
gobelet m 229
goret m 666
goulache f 620
gourmet m 605
gousse f 1156
goût m 1008
goûter 504
goutte f 604
grain m 609, 1048
graine f 609
graines fpl de courge 1049
graines fpl de tournesol 1050
grains mpl de sésame 595
grains mpl égrugés 1051
graisse f 601
grande cigale f 265
granulé 608
grappe f 1150
gras 602
gras m 601
gras-double m 195
gratiner 611
gratter 966
gratton m 1123
grenade f 999
grenadier m 606, 607
gril m 612
grillade(s) f(pl) 300
griller 613
griotte f 597
gris 301
groin m 539
grondin m 849
gros 615
groseille f 614
groseille f à maquereau 1151
grosseur f 1088
grossier 615
gruau m 1051

H

habituel 336
hacher 876
hacher menu 759
hachis m 249
hanche f 933
hareng m 101
hareng m mariné 103
hareng m saur 102
haricot m beurre 1157
haricots mpl 1158
haricots mpl mungo 1062
herbe f 460
herbes fpl (aromatiques) sauvages 463
heures fpl d'ouverture 626
homard m 661
hors d'œuvre m 454
huile f de tournesol 791
huileux 792
huître f 798
hulle f 790
humide 1148
humidité f 1147

I

impôt m 631
incassable 637
indigeste 634
indispensable 635
infusion f 283
ingrédients mpl 636
intolérance f alimentaire 639
inventif 390
isard m 227

J

jambon m 915
jambon m blanc 917
jambon m braisé 916
jambon m cru 918
jambon m fumé 919
jarret m 644
jarret m de porc 447, 647

Index français

jatte *f* 1105, 1106
jaune 74
jaune *m* d'œuf 593
jeune 648
jeune cerf *m* 1180
joue *f* 174
jus *m* 1080
juteux 1081

K

kaki *f* 235
kasher 649
kirsch *m* 953

L

lait *m* 668
lait *m* battu 673
lait *m* concentré 669
lait *m* de longue conservation 675
lait *m* écrémé 671
lait *m* en poudre 672
lait *m* entier 674
lait *m* maigre 671
lait *m* ribot 673
lait *m* tourné 673
lait *m* UHT 675
laitage *m* 660
laitue *f* 57
laitue *f* batavia 59
laitue *f* iceberg 58
lame *f* 653
lamelle *f* 654
lamproie *f* 655
langouste *f* 651
langoustine *f* 652
langue *f* 686
lanière *f* 1108
lapin *m* 312
lard *m* 1128
lard *m* de poitrine 1131
lard *m* fumé 1129
larder 658
lardons *mpl* 401
laurier *m* 696
lavande *f* 662
laver 663
léger 540
légume *m* 627

légumes *mpl* secs 665
lentilles *fpl* 677
levure 524
libre service 1047
lier 484
lieu *m* jaune 470
lieu *m* noir 469
lièvre *m* 664
limande *f* 1065
limette *f* 680
limon *m* 681
limpide 304
lingue *f* 722
liqueur *f* 679
liquide 688
lisse 689
litre *m* 690
livèche *f* 678
livre *f* 732
livrer 549
local 982
long 335
longane *f* 694
longe *f* 691
longe *f* de veau 693
lotte *f* 851
loup *m* de mer 994
loup *m* marin 850
lourd 867

M

macédoine *f* 703
macédoine *f* de fruits 1020
mâche *f* 60
machine *f* à café 214
macreuse *f* 810
macrobiotique 705
magret *m* 843
maigre 708
main *m* 716
maïs *m* 748
malt *m* 711
mandarine *f* 1091
manger 324
mangue *f* 712
maquereau *m* 264
marbré 455
marcassin *m* 667
marché *m* 740

marché *m* hebdomadaire 522
marinade *f* 718
mariné à la maison 719
mariner 720
marjolaine *f* 714
marmelade *f* 591
marron 442
marron *m* 263
massepain *m* 723
matière *f* grasse 601
maturité *f* 706
mauvais 1004
médaillon *m* 730
mélangé 754
mélanger 755
mêler 755
melon *m* 735
menthe *f* 284, 628
menu *m* 241
menu *m* dégustation 737
menu *m* du jour 738
menu *m* touristique 739
mer *f* 717
merci 789
meringue *f* 741
merlan *m* 128
merlu *m* 742
merluche *f* 742
mérou *m* 296
mesurer 731
mets *m* 904
mettre au frais 478, 989
mettre en purée 520
mettre la table 898
miche *f* 822
miel *m* 733
miette *f* 747
mignon *m* de veau 730
millésime *m* 1012
millésimé 633
millet *m* 808
mince 534
mirabelle *f* 752
mise *f* en bouteille 456
moelleux 704, 763
moisir 760
moisissure *f* 761
moitié *f* 744
monder 421

Index français

morceau *m* 839
morille *f* 315
morue *f* séchée 126
mou 704, 763
mou *m* 928
mouflon *m* 776
moule *m* 547
moules *fpl* 746
moulin *m* à poivre 758
moulu 762
mousse *f* 494
mousse *f* glacée 1076
mousser 519
moutarde *f* 775
mouton *m* 245, 252
mulet *m* 199, 1086
mûr 707
mûre *f* 81
museau *m* de bœuf 809
myrtille *f* 753

N

nappe *f* 1112
naturel 780
nécessaire 782
nèfle *f* 784
nettoyage *m* 684
nettoyer 683
nocif 785
noir 920
noisette *f* 118
noix *f* 787
noix *f* de coco 310
noix *f* de muscade 788
non dilué 431
non gazeuse 587
non traités 41
noter 88
nouille *f* 702

O

odeur *f* 295
œuf *m* 802
œuf *m* à la coque 804
œuf *m* sur le plat 803
œufs *mpl* brouillés 805
œufs *mpl* de poisson 800
oie *f* 581
oignon *m* 267
oignon *m* blanc 270
oignon *m* jaune 268
oignon-légume *m* 268
oiseau *m* 116
oiseau *m* sans tête 167
olive *f* 123
omble *m* chevalier 1145
omelette *f* 793
onctueux 485
orange *f* 656
orange *f* amère 657
orangeat *m* 258
ordinaire 336
oreille *f* 795
orge *f* 282
origan *m* 714, 794
origine *f* 922
orphie *f* 846
ortie *f* 1149
os *m* 797
oseille *f* 121
oursin *m* 799
ouvre-boîtes *m* 8
ouvre-bouteille *m* 7

P

pagre *m* 163
paille *f* 233
pain *m* 817
pain *m* brioché 821
pain *m* complet 820
pain *m* d'épices 184
pain *m* de campagne 823
pain *m* de mie 818
paire *f* 828
palais *m* de bœuf 809
palette *f* 810
palourde *f* 1184
pamplemousse *f* 1120
panais *m* 832
paner 450
panier *m* 280
panier *m* à pain 281
panse *f* 195
papier *m* parcheminé 825
paprika *m* 827

parfum *m* 862, 1008
part *f* 830
partager 435
partie *f* 830
pastèque *f* 734
pasteuriser 831
patate *f* 152
pâte *f* 724
pâte *f* à chou 725
pâte *f* brisée 727
pâte *f* d'amandes 723
pâte *f* feuilletée 726
pâte *f* sablée 727
pâté *m* 833
pâté *m* de foie 834
pâté *m* de foie gras 835
pâtes *fpl* 728
pâtisserie *f* 337
pâtisserie *f* pur beurre 439
pâtisseries *fpl* feuilletées 338
pâtisseries *fpl* fines 339
paupiette *f* 167
pavot *m* 826
payer 807
peau *f* 852
pêche *f* 873
pêcher 870
pêcheur *m* 869
peler 421
pépin *m* 1048
perche *f* 856
perche *f* du Nil 857
perdre 858
perdrix *f* 859
périssable 860
persil *m* 1033
persillé 455
peser 868
pétillant 446
petit déjeuner *m* 212
petit gâteau *m* 1126
petit lait *m* 1074
petit pain *m* 824
petit radis *m* 954
petit sablé *m* 177
petit-beurre *m* 169
petite pâtisserie sèche 168
petits pois *mpl* 465

Index français

petits pois *mpl* secs 466
pétoncle *f* 1171
peu 903
physalis *f* 222
pichet *m* 645
pièce *f* 839, 1023
pied *m* de porc 838
pigeon *m* 892
pigeon *m* ramier 893
pignons *mpl* 882
piment *m* 878
pince *f* à escargots 881
pincée *f* 885
pintade *f* 578
piquant 875
pissenlit *m* 415
pistache *f* 884
plat 965
plat *m* 904, 1135
plat *m* du jour 906
plat *m* principal 907
plat *m* sucré 438
plate 587
plateau *m* 138, 1135
plateau *m* de fromages 1084
plein 293
pleurote *f* 316
plie *f* 1063
pocher 467
poêle *f* 557
poids *m* 872
pointe *f* 933
pointe *f* de filet 933
pointes *fpl* d'asperges 895
poire *f* 48, 855
poire *f* melon 736
poireau *m* 65
pois *m* gourmand 464
pois *mpl* chiches 610
poisson *m* 845
poisson *m* fumé 847
poitrine *f* 842
poitrine *f* de porc 146
poitrine *f* de veau 844
poivre *m* 877
poivrer 93
poivrier *m* 880
poivron *m* 879
poli 361
politesse *f* 362

pomélo *m* 1120
pomme *f* 700
pomme *f* au four 701
pomme *f* de terre 151
pommes *fpl* de terre à l'anglaise 153
pommes *fpl* de terre à l'eau 153
pommes *fpl* de terre en robe des champs 154
pommes *fpl* de terre rissolées 156
pommes *fpl* de terre sautées 156
pommes *fpl* frites 155
porc *m* 901
porcelaine *f* 900
porcelet *m* 666
portion *f* 899
portionner 436
pot *m* 814
potage *m* 1069
potiron *m* 5
poudre *f* 886
poudre *f* de mangue 76
poularde *f* 887
poule *f* 577
poulet *m* rôti 553
poulpe *m* 699
poulpe *f* 891
poumon *m* 928
pourboire *m* 603
pourpier *m* 160
pousse *f* 193
pousses *fpl* de soja 194
praire *f* 1184
précis 502
précuit 908
préparer 914
presse-citron *m* 492
presser 493
prêt 925
prix *m* 910
prix *m* forfaitaire 911
production *f* 923
produit *m* 924
produit *m* de conservation 342
produit *m* laitier 660
propre 685
protégé 926
provenance *f* 922

prune *f* 77
pruneau *m* 78
pulpe *f* 888
pur 431, 932
purée *f* 930

Q

qualité *f* 934
quantité *f* 935
quart *m* 936
quasi *m* 933
quetsche *f* 46, 77
queue *f* 956
queue *f* de bœuf 957
qui a bon goût 1009

R

racler 966
radis *m* 955
rafraîchir 478, 989
rafraîchissement *m* 981
ragoût *m* 620, 958
raie *f* 959, 1108
raifort *m* 961
raifort *m* à la crème 388
raisin *m* 1150
raisin *m* de Smyrne 1153
raisin *m* sec 1152
raisins *mpl* secs noirs de Corinthe 1154
ramier *m* 893
rance 964
râper 962
rascasse *f* du nord 232
rassir 729
rate *f* 127
rave *f* 779
réception *f* 970
recette *f* 969
recevoir 968
réchauffer 96
réclamation *f* 974
réclamer 975
recommandation *f* 976
recommander 977
réduire en purée 520

Index français

réfrigérateur m 588
refroidir 478, 479, 989
régime m 426
réglementation f 983
rehausseur m d'arôme 967
reine-claude f 960
relevé 875
remplacer 1078
remplir 972
remuer 745
renverser 416
répartir 434
repas m 325, 979
repas m d'affaires 69
requin m 1146
réservation f 987
réserver 521
restaurant m 990
retenir une table 521, 988
retirer 984
retourner 1178
rhubarbe f 1003
rhum m 1005
rince-doigts m 662
ris m 764
rissolé 1122
rissoler 613
riz m 105
riz m au lait 106
rocambole f 270
rognon m 993
rognonnade f 693
romarin m 55
rompre 939
rond 978
rondelle f 995
roquette f 1002
rosbif m 1000
rôti m 111
rôti m de bœuf 244
rôti m ficelé 112
rôtir 113
rouge 1169
rouget m 1028
rouleau m 998
rouler 9
roussette f 206
roussi 1122
roussir 613
rustique 1006
rutabaga m 1007

S

s.g. 1089
s'il vous plaît 897
sac m isotherme 185
safran m 10
saignant 710
sain 1037
saindoux m 139
Saint-Pierre m 1014
saison f 496
saisonnier 495
salade f 1018
salade f composée 1021
salade f de blé 60
salade f de fruits 1020
salade f de pissenlit 1019
salade f frisée 61
saladier m 1022, 1106
salaison f 250
saler 344, 1025
salicorne f 1026
salière f 1024
salle f 1023
salle f de restaurant 1017
salsifis m 476
saluer 403
sandre m 698
sanglier m 646
sans gluten 600
sans lactose 650
sans sel 1016
sardine f 1036
sarrasin m 1138
sarriette f 1043
sauce f 766
sauce f (de) soja 768
sauce f de salade 770
sauce f tomate 769
saucière f 765
saucisse f 1030
saucisse f grillée 1032
saucisson m 1030
saucisson m cru 1031
sauge f 1034
saumon m 1027
saumurer 344
saurer 411
sauté m 111

savarin m 1038
saveur m 1008
savoureux 1009
scarole f 472
se plaindre 949
seau m à champagne 289
seau m à glace 135
sébaste m 232
sec 1041
sécher 1040
seiche f 699
seigle m 272
sel m 1015
sélection f 1045
sélectionner 1046
selle f 937
selon grosseur 1089
selon la saison 495
semoule f 1052
sentir 294
serpolet m 1119
serveur m 582
service m 1053, 1093
service m compris 1054
service m non compris 1055
serviette f 617
serviette f rafraîchissante 1113
servir 1056
sésame m 595
siège m pour enfants 114
silure m 1059
simple 1060
sirop m 215
soif f 1042
soigneusement 402
soja m à boire 670
sole f 687
sombre 477
sommelier m 1066
son m 510
sorbet m 1073
soucoupe f 883
soufflé m 1082
soupe f 1069
soupe f de poissons 1072
souper m 641
spécialité f 482

Index français

sprat *m* 480
strie *f* 1108
succédané *m* 1079
sucré 437
sucre *m* 20
sucre *m* candi 21
sucre *m* cristallisé 22
sucre *m* de canne 24
sucre *m* en morceaux 26
sucre *m* glace 25
sucre *m* raffiné 27
sucre *m* vanillé 23
sucrer 34
sucrerie *f* 621
supplément *m* 406
supplémentaire 30
sureau *m* 1010
surgeler 340
surprise *f* 1083

T

table *f* 743
tacaud *m* 509
talon *m* 894
tapioca *m* 1013
tarte *f* 181, 1124
tarte *f* à la crème 1125
tarte *f* au fromage blanc 292
tartelette *m* 1126
tasse *f* 349
taxe *f* 631, 1092
taxe *f* à la valeur ajoutée 632
température *f* 1096
température *f* ambiante 1097
temps *m* d'attente 1100
tendre 704, 763, 1101
teneur *f* en matière grasse 1102
terrine *f* 833, 1104

tête *f* 200
téte *f* de veau 201
thé *m* 283
thermos® *f* 585
thon *m* 115
thym *m* 1118
thym *m* sauvage 1119
tiède 774
tilapia *m* 1107
tilleul *m* 285
tire-bouchon *m* 1011
tisane *f* 283
tofu *m* 1114
tofu *m* fumé 1115
toilette(s) *f(pl)* 1110
tomate *f* 1116
tomato *f* cerise 1117
tonneau *m* 147
torréfié 1122
tourner 122, 745, 1178
tourteau *m* 238
tout compris 912
tranchant 36
tranchant *m* 622
tranche *f* 515
tranche *f* de jarret de bœuf avec os 778
trancher 357
transparent 1134
tresse *f* 1133
tripes *fpl* 1140
truffe *f* 1141
truite *f* 1142
truite *f* arc-en-ciel 1144
truite *f* saumonée 1143
turbot *m* 913
TVA 632

U

une bouchée 173
une poêlée 815
une poignée de 929

V

vache *f* 1155
vaisselle *f* 695
varié 1159
varier 1160
veau *m* 248, 1179
végétal 1163
végétarien 1164, 1165
velouté 119
velouté *m* 1070
vermicelles *fpl* 56
verre *m* 1170
verser 422, 481, 1057
vert 1168
verveine *f* 286
vestiaire *m* 291
viande *f* 243
viande *f* hachée 249
viande *f* séchée 251
vide 1161
vieille *f* 175
vieux 1166
vigneron *m* 1181
vin *m* 1173
vin *m* de pays 1177
vin *m* de table 1174
vin *m* effervescent 1176
vinaigre *m* 1172
vitrine *f* réfrigérante 134
vivaneau *m* 829
vivant 1182
volaille *f* 120
vol-au-vent *m* 1183

Y

yaourt *m* 640

Z

zeste *m* de citron 259
zester 421

Indice italiano

A

a bassa fermemazione 132
a buon mercato 140, 348
a forma d'anello 404
a grani 608
a puntino 896
a seconda della grandezza 1089
abramide *m* comune 191
acciuga *f* 82
accoglienza *f* 970
accogliere 968
accompagnare 18
aceto *m* 1172
acetosa *f* 121
acido 14
acidulo 15
acqua *f* 42
acqua *f* minerale frizzante 43
acquavite *f* 45
acquavite *f* di ciliegie 953
acquavite *f* di pere 48
acquavite *f* di prugne 46
acquistare 334
acquisto *m* 333
acre 13
ad alta fermentazione 72
additivo *m* 32
aerare 35
aerazione *f* 1167
affettare 516
affettati *mpl* 559
affilato 36
affinare 980
affogare 467
affogato *m* al caffè 630
affumicare 411
affumicato 410
aggiungere 31
aggiuntivo 30
aglio *m* 63

aglio *m* di Spagna 270
aglio *m* orsino 64
aglio *m* rocambola 270
aglio *m* romano 270
agnello *m* 353
agnello *m* da latte 354
agrodolce 40
agrumi *mpl* 564
aguglia *f* 846
aiutare 51
aiuto *m* 50
al punto giusto 896
al sangue 710
ala *f* 108
ala *f* di razza 141
albergo *m* di campagna 629
albicocca *f* 407
albume *m* 303
alcool *m* 54
alga *f* 62
alice *f* 82
alimenti *mpl* 66
alkekengi *f* 222
alloro *m* 696
allungare 432
alosa *f* 1039
amaranto *m* 73
amarena *f* 597
amaro 75
amchur *f* 76
ammuffire 760
ananas *m* 2
anatra *f* 836
anatra *f* selvatica 837
anatroccola *f* 533
anca *f* 933
andato a male 1004
anello *m* 84
aneto *m* 452
angelica *f* 85
anguilla *f* 453
anguilla *f* di mare 341
anguria *f* 734
anice *m* stellato 87
animale *m* 86
animella *f* 764
annata *f* 1012
annotare 88

annullare 228
antipasto *m* 454
aperitivo *m* 89
apparecchiare la tavola 898
appetito *m* 91
appetitoso 92
appiccicare 616
apprezzare 94
approvvigionare 3
apribottiglie *m* 7
apriscatole *m* 8
arachide *f* 80
aragosta *f* 651
arancia *f* 656
arancia *f* amara 657
aria *f* 97
aria *f* condizionata 98
aringa *f* 101
aringa *f* affumicata 102
aringa *f* marinata 103
armadio *m* climatizzato 29
armonico 459
aroma *m* 104
arrostire 113, 613
arrosto *m* 111
arrosto *m* di manzo 244
arrosto *m* di vitello con rognoni 693
artificiale 107
asciugamano *m* 1111
asciugare 1040
asciutto 1041
asinello *m* 623
asparago *m* 109
aspettare 44
aspic *m* 110
asprigno 15
aspro 13
assaggiare 504
assortimento *m* 1045
astice *m* 661
atreplice *f* 461
attaccare 616
attaccarsi 948
attendere 44
attesa *f* 1100

Indice italiano

avena *f* 117
aver bisogno di 909
avere gusto di 1103
avere sapore di 1103
avocado *m* 1
azzurro 124

B

bacca *f* 129
bacca *f* di ginepro 130
baccalà *m* 126
baccello *m* 1156
bambù *m* 136
banana *f* 137
banco *m* refrigerato 134
barbabietola *f* 164
barbaforte *m* 961
barbaforte *m* alla panna 388
barbio *m* 143
barbo *m* comune 143
barchetta *f* 144
barretta *f* 145
base *f* 148
basilica *m* 713
bastoncino *m* 150
bastone *m* 131
battere 157
beccaccia *f* 579
bere 158
bevanda *f* 159
bevanda *f* refrigerante 981
bianco *m* d'uovo 303
bibita *f* 159
bietola *f* 12
bignè *m* alla crema 1068
biológico 796
birra *f* 277
biscotti *mpl* al burro 439
biscotto *m* 168, 177
biscotto *m* al burro 169
biscotto *m* al cocco 309
bistecca *f* 166
blu 124
bocca *f* 171
boccale *m* 645

bocconcino *m* 90
boccone *m* 172
boccone *m* appetitoso 90
bolla *f* 178
bollente 951
bollire 525
bombolone *m* 1067
bonito *m* 187
bordo *m* 189
borragine *f* 188
borrana *f* 188
borsa *f* termica 185
botte *f* 147
bottiglia *f* 584
bouquet *m* 198
braciola *f* 365
branzino *m* 994
brasare 499
bretzel *m* 921
bricco *m* del caffè 197
briciolina *f* 747
brioche *f* 393
brocca *f* 645
broccoli *mpl* 192
brodo *m* 216
brodo *m* di carne 345
brodo *m* di pollo 218
brodo *m* ristretto 345
brodo *m* vegetale 219
bruno 442
budino *m* 927
buffet *m* delle insalate 196
buongustaio *m* 605
burro *m* 715

C

cacao *m* 207
cachi *m* 235
caco *m* 235
caffè *m* 210
caffè *m* decaffeinato 213
caffel(l)atte *m* 211
calamaro *m* 699
caldo 950
calice *m* 229
calore *m* 220
cameriere *m* 582
camino *m* 288

camomilla *f* 226
camoscio *m* 227
campagnolo 1006
candire 391
canditi *mpl* 565
canederlo *m* 180
cannella *f* 230
cannuccia *f* 233
cantarello *m* 231
cantina *f* 28
capasanta *f* 1171
capelli *mpl* d'angelo 56
capocameriere *m* 709
cappalunga *f* 781
capperi *mpl* 53
cappone *m* 234, 849
capra *f* 203
caprettino *m* 204
capriolo *m* 247, 1162
caraffa *f* 643
carambola *f* 236
caramella *f* 133, 621
caramello *m* 237
carciofo *m* 52
carne *f* 243
carne *f* di capriolo 247
carne *f* di manzo 246
carne *f* di montone 245
carne *f* di vitello 248
carne *f* salmistrata 250
carne *f* secca 251
carne *f* trita 249
caro 253
carota *f* 271
carpa *f* 254
carta *f* di credito 256
carta *f* pergamena 825
cartilagine *f* 257
casalingo 261
cascer 649
casereccio 261
casseruola *f* 814
castagna *f* 263
cattivo 1004
cavatappi *m* 1011
caviale *m* 266
cavolfiore *m* 371
cavolino *m* di Bruxelles 370
cavolo *m* 985
cavolo *m* cinese 11
cavolo *m* marino 372
cavolo *m* petsai 11

Indice italiano

cavolo *m* rapa 373
cavolo *m* rosso 986
cavolo *m* verde 368
cavolo *m* verza 369
ceci *mpl* 610
cena *f* 641
cenare 642
cerbiatto *m* 1180
cereali *mpl* 274
cerfoglio *m* 275
cernia *f* di fondale 296
cervella *f* 751
cervo *m* 279
cestino *m* del pane 281
cesto *m* 280
cetriolo *m* 853
cetriolo *m* sott'aceto 854
champignon *m* 290
che sa di frutta 563
chiaro 304
chicco *m* 609
chiodo *m* di garofano 381
cialda *f* 1185
cicala *f* di mare 265
cicciolo *m* 1123
cicoria *f* belga 451
cicorino *m* 60
ciliegia *f* 276
cima *f* alla genovese 844
cinghiale *m* 646
cinghialetto *m* 667
cioccolata *f* 297
cioccolatino *m* 186
cioccolato *m* 297
ciotola *f* 1105
cipolla *f* 267
cipolla *f* bianca 270
cipolla *f* dolce 268
cipollotto *m* 270
clementina *f* 305
cliente *m* 306
clientela *f* 307
coagulare 308
coagularsi 308
cobite *m* comune 850
cocomero *m* 734
coda *f* 956
coda *f* di bue 957
cogliere 319
collo *m* 871

colomba *f* 892
colombaccio *m* 893
colorante *m* 352
colore *m* 350
coltello *m* 506
colza *f* 323
combinare 329
compatto 535
compera *f* 333
comperare 334
comporre 329
composizione *f* 330
composta *f* 331
composta *f* di mele 931
composta *f* di prugne 332
comune 336
con attenzione 402
con contorno 17
con cura 402
con indicazione dell'annata 633
concentrato *m* di pomodoro 889
conchiglia *f* di San Giacomo 1171
condimento *m* 1099
condire 1095
confettura *f* 590
confezionare 448
confrontare 328
congelare 340
congro *m* 341
coniglio *m* 312
conservabile 861
conservante *m* 342
conservare 343
consigliare 977
consigliare *(qn)* 19
consiglio *m* 976
consumare 346
consumo *m* 347
contante *m* 433
contenuto *m* di grassi 1102
contorno *m* 16
conveniente 140, 348
coperto *m* 374
coppa *f* 229
coppa *f* di gelato 1085
coregone *m* 355, 356
coriandolo *m* 313
coriandro *m* 313

cornetto *m* 393
corona *f* 1001
cortese 361
cortesia *f* 362
cosce *fpl* di rana 376
coscia *f* 375, 863
coscia *f* di vitello 864
cosciotto *m* 863
cospargere 481
costare 405
costata *f* 1094
costoletta *f* 299, 364
costoso 253
cotenna *f* 366
cotogna *f* 721
cotoletta *f* 299
court-bouillon *m* 367
cozze *fpl* 746
crauti *mpl* 298
crema *f* 382, 1070
crema *f* alla vaniglia 385
crema *f* di mandorle 384
cremoso 389, 485
cren *m* 961
crêpe *f* 816
crescione *m* 39
crescione *m* inglese 38
crespella *f* 816
critica *f* 974
criticare 975
croccante 392
croccante *m* 440
crocchetta *f* 394
crocchette *fpl* di patate 395
crosta *f* 396
crudo 397
crusca *f* 510
cubetto *m* 399
cubetto *m* di ghiaccio 400
cubo *m* 399
cucchiaino *m* 321, 322
cucchiaio *m* 320
cucina *f* 377
cucina *f* casalinga 326
cucinare 378
cumino *m* 327
cuocere 378
cuocere a vapore 379
cuocere al forno 113

Indice italiano

cuoco *m* 380
cuore *m* 161, 351
cuore *m* di palma 813
cupo 477
cuscino *m* 70

D

da colture biologiche 796
dadino *m* 399
dado *m* 399
dannoso 785
data *f* di scadenza 408
dattero *m* 1090
decaffeinato 419
decagrammo *m* 424
decantare 409
degustazione *f* del vino 412
del paese 982
delicato 1077
delizioso 413
denaro *m* contante 433
denso 443, 485
dente *m* di leone 415
dentice *m* 414
deperibile 860
derrate *fpl* alimentari 66
desiderare 952
dessert *m* 1061
di sbieco 425
di stagione 495
dieta *f* 426
differente 427
digeribile 429, 430
digerire 428
diluire 432
disdire 228
disposizione *f* 983
distillato *m* di lampone 47
distribuire 434
diverso 427
dividere 435
dividere in porzioni 436
dolce 437, 1077
dolce *m* 181, 438, 1061
dolceamaro 40
dolcetta *f* 60

dolcificante *m* 33
dolciume *m* 621
dozzina *f* 444
dragoncello *m* 498
duro 443

E

eccellente 503
ecologico 445
edulcorante *m* 33
eglefino *m* 623
eperlano *m* 458
equilibrato 459
erba *f* aromatica 460
erba *f* cipollina 269
erbe *fpl* selvatiche 463
esaltatore *m* del sapore 967
esatto 502
essenziale 635
estratto *m* 505
evaporare 501

F

fabbrica *f* di birra 278
fabbricazione *f* 923
facile 507
factura *f* 786
fagiano *m* 508
fagiolini *mpl* 1158
fagiolino *m* 750, 1157
fagiolo *m* mangiatutto 464
fame *f* 545
far bollire 525
faraona *f* 578
farcia *f* 973
farcire 972
fare schiuma 519
fare una purea 520
farina *f* 511
farina *f* integrale 513
farina *f* per impanare 512
farinoso 514
farro *m* 483
fatto in casa 261
fava *f* 517
fave *fpl* 518

fegato *m* 528
fegato *m* d'anatra 529, 541
fegato *m* d'oca 541
fermentare 523
fetta *f* 515
fetta *f* biscottata 1121
fetta *f* spessa del garretto di manzo con osso 778
fettina *f* 654
fettina *f* rotonda 995
fiammeggiare 536
fiammifero *m* 812
fianco *m* 933
fibra *f* 526
fibroso 527
fico *m* 530
filetto *m* 531
filetto *m* d'anatra 843
filetto *m* di maiale 532
filo *m* 622
filone *m* 131
fine 534
finocchio *m* 462
fiocco *m* 537
fiore *m* 538
flambare 536
focaccia *f* 576
foglie *fpl* di vite 544
foglio *m* 543
foie gras *m* 541
fondant *m* 546
fondente *m* 546
fondere 417
fondersi 417
fondo *m* di carciofo 573
fondo *m* di torta 574
forchetta *f* 583
forfet(t)ario 1127
forma *f* 547
formaggio *m* 940
formaggio *m* di capra 941
formaggio *m* duro 943
formaggio *m* erborinato 942
formaggio *m* fresco 944
formaggio *m* fuso 945
fornire 3, 549
fornitore *m* 548
forte 875

Indice italiano

fragile 550
fragola *f* 772
fragranza *f* 862
freddo 558
fresco 554
fricassea *f* 555
fricassea *f* di coniglio 556
friggere 113, 560
frigo *m* 588
frigorifero *m* 588
frittata *f* 793
frizzante 446, 586
frollare 729
frumento *m* 1136
frutta *f* 561
frutta *f* cotta 331
frutta *f* secca 562, 566
fruttato 563
frutti *mpl* di bosco 567
frutti *mpl* di mare 569
frutto *m* 568
fruttosio *m* 570
fumare 572
fumo *m* 571
funghi *mpl* di bosco 318
fungo *m* 314
fungo *m* porcino 317

G

gado *m* barbato 509
galletto *m* 552
gallinaccio *m* 231
gallinella *f* 849
gallo *m* 580
gamberetto *m* 223
gamberetto *m* grigio 224
gambero *m* 238
gamberone *m* 225
gas(s)ato 446, 586
gatuccio *m* 206
gaufre *f* 1185
gelatina *f* 110, 589
gelatinizzare 592
gelato *m* 1075
gelato *m* alla frutta 1073
gelato *m* cremoso 1076

gelificare 592
gelificarsi 592
gelone *m* 316
gentile 361
gentilezza *f* 362
germe *m* 596
germogli *mpl* di soia 194
germoglio *m* 193, 596
ghiaccio *m* 1075
giallo 74
giorno *m* di riposo 542
giovane 648
giovarro *m* 871
girare 745, 1178
girare dall'altra parte 1178
glassa *f* 599
glassare 598
gnocco *m* 180
goccia *f* 604
goccio *m* 604
gota *f* 174
granaglie *fpl* macinate grosse 1051
granceola *f* 239
granchio *m* 238
granchio *m* carcino 240
granchio *m* comune 240
granciporro *m* 238
grano *m* 609, 1136
grano *m* duro 1137
grano *m* saraceno 1138
granoturco *m* 748
granulato 608
granuloso 608
grappolo *m* d'uva 1150
grasso 602
grasso *m* 601
gratinare 611
grattugiare 962, 966
grazie 789
grezzo 615
grigio 301
griglata *f* 300
griglia *f* 612
grigliare 613
grongo *m* 341
grossolano 615
gruccia *f* 202
grugno *m* di maiale 539

guancia *f* 174
guardaroba *m* 291
guazzetto *m* 216
gulasch *m* 620
gusto *m* 1008
gustoso 1009

H

hamburger *m* vegetariano 625

I

imballare 448
imbottigliamento *m* 456
impanare 450
impasto *m* per bignè 725
imposta *f* 631
imposta *f* sul valore aggiunto 632
in base a 149
in crosta 457
in granuli 608
inacidirsi 122
incollare 616
indigesto 634
indispensabile 635
indivia *f* 472
indivia *f* riccia 61
infrangibile 637
infuso *m* dil mentuccia 284
ingegnoso 390
ingredienti *mpl* 636
insaccati *mpl* 449
insalata *f* 1018
insaiata *f* da gourmet 1021
insalata *f* di denti di leone 1019
insalatiera *f* 1022, 1106
insaporire 1095
interiora *fpl* 756
intero 638
intolleranza *f* alimentare 639
involtino *m* 167
ippoglosso *m* 624
IVA 632

Indice italiano

K

kasher 649
krapfen *m* 1067

L

labro *m* 175
lagnanza *f* 974
lagnarsi 949
lama *f* 622, 653
lamentarsi 949
lamentela *f* 974
lampone *m* 551
lampreda *f* 655
lardellare 658
lardelli *mpl* 401
lardo *m* 1128
latte *m* 668
latte *m* a lunga conservazione 675
latte *m* acido 673
latte *m* condensato 669
latte *m* di soia 670
latte *m* in polvere 672
latte *m* intero 674
latte *m* magro 671
latte *m* rappreso 673
latticello *m* 676
latticino *m* 660
lattina *f* 659
lattuga *f* 57
lattuga *f* batavia 58, 59
lattuga *f* iceberg 58
lavadita *m* 662
lavanda *f* 662
lavare 663
lavarello *m* 355
legare 484
legumi *mpl* 665
lenticchie *fpl* 677
lepre *f* 664
lessare 525
leucisco *m* 209
levare 984
levistico *m* 678
lievitare 523
lievito 524
limanda *f* 1065
limetta *f* 680, 681
limone *m* 682
limpido 304

linea *f* 1108
lingua *f* 686
liquido 688
liquore *m* 679
lisca *f* 490
liscio 689
lista *f* 241
lista *f* del vini 255
litro *m* 690
locale 982
locale *m* 1023
locanda *f* 990
lofio *m* 851
lombata *f* 691, 871
lombata *f* di manzo 692
longan *m* 694
luccio *m* 697
luc(c)ioperca *m* 698
lumaca *f* 471
lungo 335
lupo *m* di mare 850
lutiano *m* 829

M

maccarello *m* 264
macchina *f* del caffè 214
macedonia *f* di frutta 1020
macellare 4
macinapepe *m* 758
macinato 762
macinino *m* per il pepe 758
macrobiotico 705
maggiorana *f* 714
magnosa *f* 265
magro 708
maiale *m* 901
maialino *m* 666
mais *m* 748
malto *m* 711
mancia *f* 603
mandarino *m* 1091
mandorle *fpl* 79
mangiare 324
mango *m* 712
mano *f* 716
manzo *m* 575
mare *m* 717
marinare 720

marinata *f* 718
marinato in casa 719
marmellata *f* 590
marmellata *f* di agrumi 591
marrone 442
marrone *m* 263
marzapane *m* 723
maturità *f* 706
maturo 707
mazzo *m* 963
medaglione *m* di vitello 730
mela *f* 700
mela *f* al forno 701
mela *f* cotogna 721
melagrana *f* 999
melanzana *f* 162
melone *m* 735
melone *m* pepino 736
menta *f* 628
mentuccia *f* 284
menu *m* 241
menù *m* 241
menu *m* degustazione 737
menu *m* del giorno 738
menu *m* turistico 739
mercato *m* 740
mercato *m* settimanale 522
merenda *f* 1035
meringa *f* 741
merlano *m* 128
merluzzo *m* carbonaro 469
merluzzo *m* comune 125
merluzzo *m* giallo 470
merluzzo *m* granatiere 607
mescolare 745, 755
metà *f* 744
mettere il ripieno 972
mettere in fresco 989
mettere in salamoia 344
mezzo chilo *m* 732
miele *m* 733
miglio *m* 808
milza *f* 127
minestra *f* 1069
mirabella *f* 752
mirtillo *m* nero 753

Indice italiano

mirtillo *m* rosso 806
mischiare 755
misto 455, 754
misura *f* 1088
misurare 731
mitili *mpl* 746
molle 704, 763
mollusco *m* conchifero 771
molto 777
molto vario 1159
molva *f* 722
mondare 421
montare 157
montone *m* 252
mora *f* 81
morbido 763
morchella *f* 315
mostarda *f* 775
mucca *f* 1155
muffa *f* 761
muflone *m* 776
muggine *m* 1086
mulo *m* 199
musello *m* di bue 809

N

nasello *m* 742
nasturzio *m* 37
naturale 587, 780
necessario 782
nero 920
nespola *f* 784
nocciola *f* 118
nocciolina *f* americana 80
nocciolo *m* 1048
noce *f* 787
noce *f* di cocco 310
noce *f* moscata 788
nocivo 785
non diluito 431
non gas(s)ato 587
non trattato 41
norma *f* 983
nostrano 982

O

obliquamente 425

oca *f* 581
odore *m* 295
oleoso 792
olio *m* 790
olio *m* di semi di girasole 791
oliva *f* 123
olivello *m* spinoso 491
omaro *m* 661
omelette *f* 793
ometto *m* 202
orari *mpl* d'apertura 626
orata *f* 232, 441
ordinare 841
ordinario 336
ordinazione *f* 840
orecchio *m* 795
orecchione *m* 316
origano *m* 794
origine *f* 922
ortica *f* 1149
orzo *m* 282
osso *m* 797
ostrica *f* 798

P

padella *f* 557
pagare 807
pagello *m* fragolino 163
pagnotta *f* 822
paio *m* 828
paletta *f* 810
palla *f* 176
pallina *f* 179
pan *m* di Spagna 182
panare 450
pancetta *f* affumicata 1129
pancetta *f* affumicata magra 1130
pancetta *f* di maiale 146, 1131
pane *m* 817
pane *m* casereccio 823
pane *m* in cassetta 818
pane *m* integrale 820
pane *m* lievitato 821
pangrattato *m* 512
paniere *m* 280
panino *m* 824

panna *f* 386
panna *f* acida 387
panna *f* montata 383
panpepato *m* 184
pantopode *m* 239
papavero *m* 826
pappa *f* 930
paprica *f* 827
paragonare 328
parte *f* 830
pasato *m* 930
passato *m* 1070
passera *f* di mare 1064
pasta *f* 702, 724, 728
pasta *f* di mandorle 723
pasta *f* frolla 727
pasta *f* sfoglia 726
pasticceria *f* 337
pasticceria *f* di pasta sfoglia 338
pasticceria *f* fine 339
pasticcini *mpl* 337, 339
pasticcino *m* 168
pasticcio *m* 833
pastinaca *f* 832
pasto *m* 325, 979
pastorizzare 831
patata *f* 151
patata *f* dolce 152
patate *fpl* arrosto 156
patate *fpl* bollite 153
patate *fpl* lessate con la buccia 154
patate *fpl* lesse 153
patatine *fpl* fritte 155
pâté *m* 833
pâté *m* di fegato 834
pâté *m* di fegato d'oca 835
pecora *f* 801
pelare 421
pelle *f* 852
pentola *f* 814
pepare 93
pepe *m* 877
peperone *m* 878, 879
pepiera *f* 880
per favore 897
pera *f* 855
perdere 858
periodo *m* d'attesa 1100

Indice italiano

pernice *f* grigia 859
persico *m* del Nilo 857
pesante 867
pesare 868
pesca *f* 873
pesca *f* noce 783
pescare 870
pescatore *m* 869
pesce *m* 845
pesce *m* affumicato 847
pesce *m* granatiere 606
pesce *m* persico 856
pesce *m* San Pietro 1014
pesce *m* spada 848
pescecane *m* 1146
peso *m* 872
pettine *m* di mare 1171
petto *m* 842
petto *m* d'anatra 843
pezzo *m* 839
piatti *mpl* 695
piattino *m* 883
piatto 965
piatto *m* 904, 905
piatto *m* del giorno 906
piatto *m* di portata 1135
piatto *m* principale 907
piccante 875
picchettare 658
piccione *m* 892
piccola palla *f* 179
pieno 293
pieno d'idee 390
pietanza *f* 904
pinne *fpl* di squalo 142
pinoli *mpl* 882
pinza *f* per lumache 881
piselli *mpl* 465
piselli *mpl* secchi spezzati 466
pistacchio *m* 884
pizzico *m* 885
platessa *f* 1063
poco 903
polio *m* 552
pollame *m* 120
pollo *m* 577

pollo *m* arrosto 553
pollo *m* da ingrasso 887
polmone *m* 928
polpa *f* 888
polpetta *f* 180
polpetta *f* di carne 71
polpettone *m* di carne 183
polpo *m* 891
poltrona *f* 890
polvere *f* 886
pomodorino *m* ciliegia 1117
pomodoro *m* 1116
pompelmo *m* 1120
porcellana *f* 900
porcellino *m* 666
porcino *m* 317
porro *m* 65
portacenere *m* 302
portata *f* 904
portauovo *m* 902
portulaca *f* 160
porzione *f* 899
porzione *f* per bambini 242
posate *fpl* 1087
povero di grassi 708
pralina *f* 186
pranzare 67
pranzo *m* 68
pranzo *m* d'affari 69
prataiolo *m* 290
preciso 502
precotto 908
premere 493
prendere nota 88
prenotare 521
prenotazione *f* 987
preparare 914
presa *f* 885
prescrizione *f* 983
prezzemolo *m* 1033
prezzo *m* 910
prezzo *m* forfet(t)ario 911
prima colazione *f* 212
prima fetta *f* 360
primo pezzo *m* 360
privo di glutine 600
privo di lattosio 650
prodotto *m* 924

produzione *f* 923
profumo *m* 295, 862
pronto 925
prosciutto *m* 915
prosciutto *m* affumicato 919
prosciutto *m* brasato 916
prosciutto *m* cotto 917
prosciutto *m* crudo 918
protetto 926
provare 504
provenienza *f* 922
prugna *f* 77
prugna *f* regina Claudia 960
prugna *f* secca 78
pulire 683
pulito 685
pulitura *f* 684
punte *fpl* di asparagi 895
purè *m* 930
purea *f* 930
puro 932

Q

quaglia *f* 311
qualità *f* 934
quantità *f* 935
quark *m* 946
quark *m* aromatizzato 947
quartino *m* 936
quarto *m* 936

R

rabarbaro *m* 1003
rafano *m* 955
raffreddare 478, 479
rana *f* pescatrice 851
rancido 964
rapa *f* 779, 1007
raschiare 966
ravanello *m* 954
razza *f* 959
reclamare 975
reclamo *m* 974

Indice italiano

refrigerio *m* 981
regime *m* alimentare 426
reine-claude *f* 960
rendere più delicato 980
retrogusto *m* 992
ribes *m* 614
ribes *m* nero 262
riccio *m* di mare 799
ricetta *f* 969
ricevere 968
ricevimento *m* 970
riempire 972
rifiuti *mpl* 991
rigaglie *fpl* di pollo 757
rilevatore *m* di fumo 423
rimestare 745
rimpiazzare 1078
rimuovere 984
ripieno *m* 973
riscaldare 96
riservare 521
riservare un tavolo 988
riso *m* 105
riso *m* al latte 106
ristorante *m* 990
(ri)voltare 1178
roast-beef *m* 1000
rognone *m* 993
rolata *f* 112
rollè *m* 112
rombo *m* chiodato 913
rombo *m* liscio 996
rompere 939
rosmarino *m* 55
rosso 1169
rosso *m* d'uovo 593
rotondo 978
rucola *f* 1002
rullo *m* 998
rum *m* 1005
rumine *f* 195
rustico 1006
ruvetto *m* 83

S

sala *f* da pranzo 1017
sale *m* 1015
salicornia *f* 1026
saliera *f* 1024
salmerino *m* 1145
salmistrare 344
salmone *m* 1027
salsa *f* 766
salsa *f* bianca 767
salsa *f* di pomodoro 769
salsa *f* di soia 768
salsa *f* per insalata 770
salsiccia *f* 1030
salsiccia *f* ai ferri 1032
salsiccia *f* cruda 1031
salsiera *f* 765
salumi *mpl* 449
salutare 403
salvia *f* 1034
salvietta *f* rinfrescante 1113
sambuco *m* 1010
sanguinaccio *m* 773
sano 1037
santoreggia *f* 1043
sapere di 1103
sapore *m* 1008
saporito 1009
sardina *f* 1036
sate 1025
savarin *m* 1038
savoiardo *m* 170
sbattere 157
sbollentare 190
sbucciare 421
scaldapiatti *m* 95
scaldare 96
scaldavivande *m* 971
scalogno *m* 287
scaloppina *f* 468
scampo *m* 652
scarola *f* 472
scatola *f* 659
scegliere 475, 1046
scelta *f* 473, 474, 1045
schiaccianoci *m* 938
schiacciata *f* 576
schiena *f* 363
schiuma *f* 494
sciacquadita *m* 662
sciogliere 417
sciogliersi 417
sciroppo *m* 215
scodella *f* 1105, 1106
scorfano *m* atlantico 232
scorza *f* d'arancia candita 258
scorza *f* del limone 259
scorza *f* di limone candita 260
scorzonera *f* 476
scuro 477
seccare 1040
seccare 1040
secchiello *m* da ghiaccio 135
secchiello *m* da spumante 289
secco 1041
sedano *m* 1029
sedano *m* di monte 678
sedano *m* rapa 49
sedia *f* 208
segala *f* 272
seggiolino *m* per bambini 114
selezione *f* di formaggi 1084
self-service *m* 1047
sella *f* 937
selvaggina *f* 205
seme *m* 1048
semi *mpl* di girasole 1050
semi *mpl* di zucca 1049
semolato 27
semolino *m* 1052
semplice 1060
senape *f* 775
sentire l'odore 294
senza glutine 600
senza lattosio 650
senza sale 1016
seppia *f* 699
servire 1056
servizio *m* 1053, 1093
servizio *m* compreso 1054
servizio *m* escluso 1055
sesamo *m* 595
sete *f* 1042
sfilettare 358
sformato *m* 1082
sgombro *m* 264
sgradevole 1004

Indice italiano

sgusciare 421
sidro *m* 1058
siero *m* di latte 1074
siluro *m* d'Europa 1059
sintetico 107
sodo 535
soffice 540
sogliola *f* 687
soia *f* 1062
solito 336
sommelier *m* 1066
sorbetto *m* 1073
sorpresa *f* 1083
sostituire 1078
sottile 534
sottocoppa *m* 883
sottopentola *m* 420
soufflé *m* 1082
sovrapprezzo *m* 406
spalla *f* 810
spargere 481
spargisale *m* 1024
specialità *f* 482
spellare 1109
spelta *f* 483
sperlano *m* 458
spezie *fpf* 1099
spezzare 939
spezzatino *m* 620
spianare 9
spiedino *m* 486
spiedo *m* 487
spigola *f* 994
spina *f* di pesce 490
spinaci *mpl* 488
spinaci *mpl* in foglia 489
spinarolo *m* imperiale 206
spratto *m* 480
spremere 493
spremilimoni *m* 492
spugnola *f* 315
spuma *f* 494
spumante *m* 1044, 1176
spumeggiare 519
spuntino *m* 1035
squalo *m* 1146
squisito 413
stagionale 495
stagione *f* 496
stampo *m* 547

stappare 418
starna *f* 859
stendere 9
stinco *m* 644
stinco *m* di maiale 447, 647
stoccafisso *m* 126
stomaco *m* 497
storione *m* 500
stoviglie *fpl* 695
strato *m* 221
striscia *f* 1108
strutto *m* di maiale 139
stufare 499
stufato *m* di manzo 619
stufato *m* di selvaggina 618
sturare 418
stuzzicadenti *m* 811
succo *m* 1080
succoso 1081
suddividere 434
sugo *m* della carne 217
sugoso 1081
sulla base di 149
supplementare 30
surgelare 340
surrogato *m* 1079
susina *f* 77
svariato 1159

T

tacchino *m* 865, 866
taccola *f* 464
tagliare a striscioline 359
tagliare 357
tagliare a fette 516
tagliente 36
tanto 777
tapioca *f* 1013
tappo *m* 997
tarassaco *m* 415
tarteletta *f* 1126
tartufo *m* 1141
tartufo *m* di mare 1184
tassa *f* 631, 1092
tavolo *m* 743
tazza *f* 349
tè *m* 283

temperatura *f* 1096
temperatura ambiente 1098
temperatura *f* ambiente 1097
tenero 704, 763, 1101
terrina *f* 1104
testa *f* 200
testina *f* di vitello 201
the *m* 283
thermos *m* 585
tiepido 774
tilapia *m* 1107
timo *m* 1118
timo *m* selvatico 1119
tisana *f* 283
tisana *f* al tiglio 285
tisana *f* di verbena 286
tofu *m* 1114
tofu *m* affumicato 1115
togliere 984
togliere la pelle 1109
toilette *f(pl)* 1110
tonno *m* 115
torrefatto 1122
torta *f* 181, 1124
torta *f* alla panna 1125
torta *f* di ricotta 292
tortina *f* 1126
tostare 613
tostato 1122
tovaglia *f* 1112
tovagliolo *m* 617
trasparente 1134
trattoria *f* 990
triglia *f* di fango 1028
trinciare 1139
trippa *f* 1140
tritare 759, 876
tritello *m* 749
trota *f* 1142
trota *f* iridea 1144
trota *f* salmonata 1143
tuorlo *m* 593
turacciolo *m* 997
tutto compreso 912

U

uccellino *m* scappato 167
uccello *m* 116

Indice italiano

ultimo pezzo *m* 894
umidità *f* 1147
umido 1148
un boccone 173
un pugno di 929
una padellata 815
uova *fpl* di pesce 800
uova *fpl* strapazzate 805
uovo *m* 802
uovo *m* al tegamino 803
uovo *m* all'occhio di bue 803
uovo *m* alla coque 804
usuale 336
uva *f* passa 1154
uva *f* spina 1151
uva *f* sultanina 1152, 1153

V

valerianella *f* 60
valutare 94
variare 1160
varietà *f* di vite 273
vassoio *m* 138
vecchio 1166
vegano 1164
vegetale 1163
vegetaliano 1164
vegetariano 1165
vellutato 119
verde 1168
verdura *f* 627
verdura *f* mista 703
verdure *fpl* crude miste 398
vermicelli *mpl* 56
versare 416, 422, 1057
verza *f* 369
vetrina *f* refrigerata 134
vetro *m* 1170
vino *m* 1173
vino *m* da tavola 1174
vino *m* locale 1177
visciola *f* 597
vitello *m* 1179
vitellone *m* 165
viticoltore *m* 1181
vivente 1182
vivo 1182
vol-au-vent *m* di pasta sfoglia 1183
voltare 1178
vongola *f* 1184
vuoto 1161

Y

yogurt *m* 640

Z

zafferano *m* 10
zampetto *m* di maiale 838
zenzero *m* 594
zolletta *f* 399
zona *f* fumatori 99
zona *f* non fumatori 100
zucca *f* 5
zuccherare 34
zucchero *m* 20
zucchero *m* a velo 25
zucchero *m* candito 21
zucchero *m* cristallino 22
zucchero *m* di canna 24
zucchero *m* in zollette 26
zucchero *m* raffinato 27
zucchero *m* vanigliato 23
zucchina *f* 6
zucchino *m* 6
zuppa *f* 1069
zuppa *f* di gamberi 1071
zuppa *f* di pesce 1072

Índice español

A

abadejo *m* 470, 623
abastecer 3
abrebotellas *m* 7
abrelatas *m* 8
abridor *m* 7
acedera *f* 121
aceite *m* 790
aceite *m* de girasol 791
aceitoso 792
aceituna *f* 123
acelga *f* 12
acerbo 13
ácido 14
acidulado 15
acoger 968
acogida *f* 970
acompañar 18
aconsejar 19
acre 13
aderezar 914, 1095
adicional 30
aditivo *m* 32
adobado 719
adobar 344, 720
adormidera *f* 826
afilado 36
afinar 980
afrecho *m* 510
agriarse 122
agridulce 40
agrios *mpl* 564
agua *f* 42
agua *f* con gas 43
agua *f* mineral gaseosa 43
aguacate *m* 1
aguardar 44
aguardiente *m* 45
aguardiente *m* de cereza 953
aguardiente *m* de ciruelas 46
aguardiente *m* de frambuesas 47
aguardiente *m* de pera 48
aguia *f* 846
aguja *f* 487
ahumado 410
ahumar 411
aire *m* 97
airear 35
ajedrea *f* 1043
ajo *m* 63
ajo *m* de oso 64
ajonjolí *m* 595
ala *f* 108
albahaca *f* 713
albardilla *f* 1132
albóndiga *f* 180
albóndiga *f* de carne 71
albondiguilla *f* 179
albondiguilla *f* de carne 71
alcachofa *f* 52
alcaparras *fpl* 53
alcohol *m* 54
aleta *f* de raya 141
aletas *fpl* de tiburón 142
alfóncigo *m* 884
alforfón *m* 1138
alga *f* 62
alimentos *mpl* 66
allbaricoque *m* 407
almeja *f* 1184
almendras *fpl* 79
almíbar *m* 215
almohada *f* 70
almorzar 67
almuerzo *m* 68
alosa *f* 1039
alquequenje *m* 222
alubias *fpl* 1158
amaranto *m* 73
amargo 75
amarillo 74
amchur *m* 76
ananá(s) *m* 2
ancas *fpl* de rana 376
anchoa *f* 82
angélica *f* 85
anguila *f* 453
anillo *m* 84
animal *m* 86
anotar 88
anular 228
añada *f* 1012
añadir 31
aperitivo *m* 89
apetito *m* 91
apetitoso 92
apio *m* 1029
apio *m* de montaña 678
apio *m* nabo 49
apio *m* rábano 49
apreciar 94
apretar 493
apuntar 88
arándano *m* 753
arándano *m* rojo 806
araña *f* de mar 239
arenque *m* 101
arenque *m* ahumado 102
arenque *m* en escabeche 103
armario *m* bodega 29
armario *m* climatizado 29
armuelle *m* 461
aroma *m* 104, 198, 862
arroz *m* 105
arroz *m* con leche 106
artificial 107
asado *m* 111
asado *m* de buey 244
asado *m* de carne picada 183
asado *m* enrollado 112
asar 113, 613
áspero 13
áspic *m* 110
atender 1056
atún *m* 115
autoservicio *m* 1047
ave *f* 116
avellana *f* 118
avena *f* 117
aves *fpl* 120
ayuda *f* 50
ayudar 51
azafrán *m* 10

Índice español

azúcar m(f) 20
azúcar m aromatizado con vainilla 23
azúcar m cande 21
azúcar m cristalizado 22
azúcar m de caña 24
azúcar m en polvo 25
azúcar m en terrones 26
azúcar m glas 25
azúcar m refinado 27
azucarar 34
azul 124

B

bacalao m fresco 125
bacalao m seco 126
badiana f 87
bambú m 136
bandeja f 138, 1105
barato 140, 348
barbo m 143
barquilla f 144
barquillo m 1185
barquita f 144
barra f 145
barril m 147
barrilla f 1026
base f 148
bastoncillo m 150
batata f 152
batir 157
baya f 129
bazo m 127
beber 158
bebida f 159
becada f 579
becerra f 165
berberecho m 161
berenjena f 162
berro m 37, 38
berza f 985
berza f común 368
berza f marina 372
biológico 796
bisté m 166
bistec m 166
bizcocho m 819, 1121
bizcocho m de soletilla 170

blando 704, 763
blanquear 190
bledo m 12
boca f 171, 198
bocado m 172
bodega f 28
bofe m 928
bogavante m 661
bola f 176
boleto m 317
bolita f 176
bollo m 1067
bollo m trenzado 1133
bolsa f isotérmica 185
bombón m 186
boniato m 152
bonito m 187
boquerón m 82
borde m 189
borraja f 188
botella f 584
botijo m 645
bouquet m 198
brazuelo m 810
brécol m 192
brema f 191
brezel m 921
bróculi m 192
broqueta f 486, 487
brote m 193
budin m 927
buey m 575
buey m de mar 238
bufé m de ensaladas 196
buffet m de ensaladas 196
buñuelo m 1067
buñuelo m de viento 1068
buqué m 198
burbuja f 178
butaca f 890

C

caballa f 264
cabeza f 200
cabeza f de ternera 201
cabezas fpl de espárrago 895
cabra f 203

cabrito m 204
cacahuete m 80
cacao m 207
cacerola f 814
cacharro m 814
cadera f 933
café m 210
café m con leche 211
café m descafeinado 213
cafetera f 197
cafetera f aislante 585
cafetera f eléctrica 214
calabacín m 6
calabaza f 5
calamar m 699, 891
caldear 96
calderada f 216
calderilla f 433
caldo m 216
caldo m corto 367
caldo m de carne 345
caldo m de gallina 218
caldo m de verduras 219
calentar 96
calidad f 934
calientaplatos m 971
caliente 950, 951
callentaplatos m 95
callos mpl 195, 1140
calor m 220
camarero m 582
camarón m 223, 225
camomila f 226
canela f 230
cangrejo m 238
cangrejo m de mar 240
cantarela f 231
cantidad f 935
capa f 221
capitón m 414
capón m 234
caqui m 235
caracol m 471
carambola f 236
caramelo m 133, 237
carbonero 469
carbonero m 470
carne f 243
carne f an salmuera 250

Índice español

carne *f* asada a la parrilla 300
carne *f* de carnero 245
carne *f* de corzo 247
carne *f* de vaca 246
carne *f* picada 249, 973
carne *f* seca 251
carnero *m* 245, 252
caro 253
carpa *f* 254
carta *f* 241
carta *f* de vinos 255
cartílago *m* 257
cascanueces *m* 938
cáscara *f* de naranja confitada 258
casero 261
casis *f* 262
castaña *f* 263
cata *f* 412
caviar *m* 266
caza *f* 205
cebada *f* 282
cebolla *f* 267
cebolla *f* amarilla 268
cebollino *m* 269
cebollita *f* blanca 270
cebollita *f* perla 270
cena *f* 641
cenar 642
cenicero *m* 302
centeno *m* 272
centolla *f* 238
centollo *m* 239
cepa *f* 273
cerdo *m* 901
cereales *mpl* 274
cereza *f* 276
cerilla *m* 812
cervato *m* 1180
cervecería *f* 278
cerveza *f* 277
cesta *f* 280
chalote *m* 287
champiñón *m* 290
chamuscar 613
chantillí *m* 383
cherna *f* 296
chicharrón *m* 1123
chimenea *f* 288
chipirón *m* 699
chirivía *f* 832

chocha *f* 579
chocolate *m* 297
chucrut *m* 298
chuleta *f* 299, 364
chuleta *f* de lomo 1094
cidra *f* confitada 260
cierre *m* semanal 542
ciervo *m* 279
cilantro *m* 313
ciruela *f* 77
ciruela *f* (Reina) Claudia 960
ciruela *f* amarilla 752
ciruela *f* damascena 77
ciruela *f* mirabel 752
ciruela *f* pasa 78
cítricos *mpl* 564
clara *f* 303
claro 304
clavillo *m* 381
clavito *m* 381
clavo *m* 381
clementina *f* 305
cliente *m* 306
clientela *f* 307
climatización *f* 98
cocer 378
cocer a fuego lento 499
cochinillo *m* 666
cocina *f* 377
cocinar 378
cocinero *m* 380
codorniz *f* 311
cogollo *m* de alcachofa 573
cojín *m* 70
col *f* 985
col *f* china 11
col *f* de Bruselas 370
col *f* de China 11
col *f* lombarda 986
col *f* rizada 369
col *f* roja 986
cola *f* 956
cola *f* de rata azul 607
colación *f* 1035
colgadero *m* 202
coliflor *f* 371
colinabo *m* 1007
colirrábano *m* 373
colmenilla *f* 315
color *m* 350

colorado 1169
colorante *m* 352
colza *f* 323
comedor *m* 1017
comer 324
comestibles *mpl* 66
comida *f* 325, 904, 979
comida *f* casera 326
comida *f* de empresa 69
comino *m* 327
comparar 328
componer 329
composición *f* 330
compota *f* 331
compota *f* de manzana 931
compra *f* 333
comprar 334
con gas 586
con guarnición 17
con indicación del año de la cosecha 633
con sabor a fruta 563
concentrado *m* de tomate 889
condimentar 1095
condimento *m* 1099
conejo *m* 312
confitar 391
confitura *f* 590
congelar 340
congrio *m* 341
conservante *m* 342
conservar 343
consommé *m* 345
consumir 346
consumo *m* 347
conteniclo *m* en grasa 1102
copa *f* 1105, 1106
copa *f* de helado 1085
copo *m* 537
corazón *m* 351
corazón *m* de palmera 813
corcho *m* 997
cordero *m* 353
cordero *m* lechal 354
corégono *m* 355, 356
corona *f* 1001
correoso 443
cortante 36

Índice español

cortar 357
cortar en lonchas 359
cortar en tiritas 516
corte *m* 360, 622
cortés 361
cortesía *f* 362
corteza *f* 396
corteza *f* de limón 259
corteza *f* de tocino 366
corzo *m* 1162
cosechar 319
costar 405
costilla *f* 299, 364
costillar *m* 365
costoso 253
costra *f* 396
creativo 390
crema *f* 382, 386, 1070
crema *f* batida 383
crema *f* de almendras 384
crema *f* de chocolate 973
crema *f* helada 1076
crema *f* inglesa 385
crema *f* pastelera 973
cremoso 389
crepe *f* 816
crocante *m* 440
croissant *m* 393
croqueta *f* 394
croquetas *fpl* de patatas 395
cruasán *m* 393
crudité *f* 398
crudo 397
crujiente 392
cuajada *f* 673, 946
cuajar 308
cuajarse 122
cuarta parte *f* 936
cuarto *m* 936
cuarto *m* trasero 864, 937
cubierto *m* 374, 1087
cubito *m* 400
cubitos *mpl* de tocino 401
cubo *m* 399
cubo *m* de hielo 135
cubo *m* para cava 289
cuchara *f* 320
cucharilla *f* 322

cucharilla *f* de café 321
cuchillo *m* 506
cuello *m* 871
cuenco *m* 1105, 1106
cuerpo *m* graso 601
cuidadosamente 402
cuidar 1056
culantro *m* 313
culata *f* 933
curvo 404
cuscurrante 392

D

damascena *f* 77
dátil *m* 1090
de baja fermentación 132
de cultivo biológico 796
de fermentación alta 72
decantar 409
declinar 228
degustación *f* de vinos 412
delicioso 413
dentón *m* 414
derramar 416
derretir(se) 417
desayuno *m* 212
descafeinado 419
descorchar 418
desear 952
desechos *mpl* 991
desengrasado 708
desleír 432
desollar 1109
despellejar 1109
destapar 418
detector *m* de humo(s) 423
diente *m* de león 415
dieta *f* 426
diez gramos 424
diferente 427
digerible 429
digerir 428
digestible 429, 430
diluir 432
dinero *m* suelto 433
directiva *f* 983
distribuir 434

dividir 435
docena *f* 444
dorada *f* 441
dragoncillo *m* 498
dulce 437, 1077
dulce *m* 438, 621
duradero 861
duro 443

E

echar 481, 1057
echar pimienta 93
ecológico 445
económico 140, 348
educado 361
edulcorante *m* 33
efervescente 446
eglefino *m* 623
elegir 1046
embalar 448
embotellado *m* 456
embutidos *mpl* 449
empanada *f* 1183
empanado 457
empanar 450
en escabeche 719
en polvo 762
en su punto 896
encetadura *f* 360
endibia *f* 451
enebrina *f* 130
eneldo *m* 452
enfriar 479
engrumecerse 308
enmohecer 760
ensalada *f* 1018
ensalada *f* de cardillo 1019
ensalada *f* de diente de león 1019
ensalada *f* de endibia 472
ensalada *f* de endivia 472
ensalada *f* de frutas 1020
ensalada *f* de rapónchigo 60
ensaladera *f* 1022
ensaladilla *f* mixta 1021

Índice español

ensayar 504
entero 638
entrada f 454
entrante m 454
entregar 549
entremés m 454
entreverado 455
envasar 448
eperlano m 458
equilibrado 459
erizo m de mar 799
escabechar 720
escabeche m 718
escalfar 467
escalope m 468
escanda f 483
escarchar 391, 598
escoger 475, 1046
escorpina f 232
espacio m para fumadores 99
espacio m para no fumadores 100
espadín m 480
espalda f 363, 810
espaldilla f 810
esparcir 481
espárrago m 109
especia f 1099
especialidad f 482
espelta f 483
esperar 44
espesar 484
espetón m 486, 846
espina f de pescado 490
espinacas fpl 488
espinacas fpl de tallos 489
espino m amarillo 491
espino m falso 491
esponjoso 540
espuma f 494
espumar 519
estación f 496
estacional 495
estimar 94
estofado m de buey 619
estofar 379, 499
estómago m 497
estragón m 498
estría f 1108

esturión m 500
evaporarse 501
exacto 502
excelente 503
exprimidor m 492
extracto m 505
extremo m 894

F

fábrica f de cerveza 278
fabricación f 923
fácil 507
factura f 786
faisán m 508
faldilla f 937
farra f 1145
fecha f de caducidad 408
fermentar 523
fiambres mpl envueltos en gelatina 110
fiambres mpl variados 559
fibra f 526
fibroso 527
fideos mpl 56
filete m 531
filete m de cerdo 532
filete m de vaca 692
filetear 358
filo m 622
fino 534
firme 535
flamear 536
flan m 927
fletán m 624
flor m 538
fluido 688
fonda f 629, 990
fondant m 546
fondo m 217
fondo m de tarta 574
forma f 547
fósforo m 812
frágil 550
frambuesa f 551
freir 560
fresa f 772
fresco 554
fricasé m 555

fricasé m de conejo 556
frigorífico m 588
frio 558
fructosa f 570
fruta f 568
fruta f seca 566
frutas fpl 561
frutas fpl confitadas 565
frutas fpl escarchadas 565
frutas fpl pasas 562
frutas fpl secas 562
frutas fpl silvestres 567
fuagrás m 541, 835
fuente f 1106
fuerte 875
fumar 572
fundir(se) 417

G

gado m 509
gajo m 144
gallano m 175
galleta f 169, 177
galleta f seca 168
gallina f 577
gallineta f 232
gallo m 580
gamuza f 227
ganso m 581
garbanzos mpl 610
garrafa f 643
gastrónomo m 605
germen m 596
gigote m 183
glaseado m 599
glasear 592, 598
global 1127
gobio m 209
gofre m 1185
golosina f 621
gota f 604
gourmet m 605
gracias 789
granada f 999
grano m 609
granulado 608
grasa f 601
graso 602

Índice español

graso *m* 601
gratinar 611
grelo *m* 1007
grenadero *m* 606
gris 301
grosella *f* 614
grosella *f* espinosa 1151
grosella *f* negra 262
grosero 615
grueso 615
guardarropa *m* 291
guardar 343
guarnición *f* 16
guinda *f* 597
guisado *m* 958
guisado *m* de caza 618
guisante *m* mollar 464
guisantes *mpl* 465
guisantes *mpl* majados 466
guisar al estofado 379
gulás *m* 620
gulasch *m* 620
gustar 504
gustillo *m* 992
gusto *m* 1008

H

haba *f* 517
habas *fpl* 518
habas *fpl* de soja 1062
habichuela *f* 1157
habichuelas *fpl* 1158
hacer puré 520
hambre *f* 545
hamburguesa *f* vegetariana 625
harina *f* 511
harina *f* integral 513
harinoso 514
helado *m* 1075, 1085
helado *m* "blanco y negro" 630
hervir 525
hielo *m* 1075
hierba *f* 460
hierba *f* de los canónigos 60
hierbabuena *f* 628

hierbas *fpl* selváticas 463
hígado *m* 528
hígado *m* de pato 529
higo *m* 530
hinojo *m* 462
hocico *m* de cerdo 539
hogaza *f* 822
hoja *f* 543, 653
hojaldre *m* 726
hojas *fpl* de la vid 544
hombro *m* 810
hongo *m* 314
hongos *mpl* silvestres 318
horas *fpl* de apertura 626
hostal *m* rural 629
hostería *f* 990
hueso *m* 797, 1048
huevas *mpl* de pez 800
huevera *f* 902
huevero *m* 902
huevo *m* 802
huevo *m* al plato 803
huevo *m* estrellado 803
huevo *m* pasado por agua 804
huevos *mpl* revueltos 805
humedad *f* 1147
húmedo 1148
humo *m* 571

I

imprescindible 635
impuesto *m* 631
impuesto *m* sobre el valor añadido 632
indigesto 634
indispensable 635
infusión *f* de menta 284
ingredientes *mpl* 636
intensificador *m* de sabor 967
intolerancia *f* alimenticia 639
inventivo 390
irrompible 637
IVA 632

J

jaball *m* 646
jabato *m* 667
jalea *f* 589
jamón *m* 915
jamón *m* ahumado 919
jamón *m* braseado 916
jamón *m* cocido 917
jamón *m* crudo 918
jamón *m* de York 917
jarabe *m* 215
jarrete *m* 644
jarrete *m* de cerdo 447
jarro *m* 645
jefe *m* de comedor 709
jengibre *m* 594
jorna *f* 296
joven 648
judías *fpl* 1158
jugo *m* 1080
jugoso 1081

K

kaki *m* 235
kasher 649
kirsch *m* 953
kosher 649

L

laminilla *f* 654
lamprea *f* 655
langosta *f* 651
langostino *m* 652
largo 335
lata *f* 659
laurel *m* 696
lavabos *mpl* 1110
lavamanos 662
lavanda *f* 662
lavar 663
leche *f* 668
leche *f* agria 673
leche *f* condensada 669
leche *f* de manteca 676
leche *f* de soja 670
leche *f* desnatada 671
leche *f* en polvo 672

Índice español

leche *f* entera 674
leche *f* sin desnatar 674
leche *f* uperizada 675
lechón *m* 666
lechuga *f* 57
lechuga *f* batavia 59
lechuga *f* de hoja rizada 58
lechuga *f* frisée 61
lechuga *f* tipo iceberg 58
legumbres *fpl* 665
lengua *f* 686
lenguado *m* 687
lentejas *fpl* 677
levadura 524
libra *f* 732
licor *m* 679
liebre *f* 664
ligar 484
ligero 540, 708
lija *f* 206
lima *f* 680, 681
limanda *f* 1065
limón *m* 682
limpiado *m* 684
limpiar 421, 683
limpieza *f* 684
limpio 685
líquido 688
liso 689
listo 925
litro *m* 690
lleno 293
lluerna *f* 849
local 982
locha *f* 850
lomo *m* 363
lomo *m* asado 691
lomo *m* de ternera 693
loncha *f* 515, 1108
loncha *f* de jarrete con hueso 778
lonchas *fpl* de carne 874
longan *m* 694
longueirón *m* 781
lonja *f* 515, 1108
lubina *f* 994
lucio *m* 697
lucioperca *f* 698

M

macedonia *f* de frutas 1020
macrobiótico 705
macruro *m* 161
madurar 729
madurez *f* 706
maduro 707
magret *m* de pato 843
magro 708
maíz *m* 748
malo 1004
malta *f* 711
mandarina *f* 1091
mango *m* 712
manjar *m* 904
mano *f* 716
manteca *f* 139
mantel *m* 1112
mantequilla *f* 715
mantequilla *f* blanca 767
manzana *f* 700
manzana *f* asada al horno 701
manzanilla *f* 226
mar *m* 717
maragota *f* 175
marinada *f* 718
mariscos *mpl* 569
marrón 442
maruca *f* azul 722
masa *f* 724
masa *f* de embuchado 973
masa *f* quebrada 727
mastuerzo *m* 38, 39
matar 4
mazapán *m* 723
mechado 455
mechar 658
medallón *m* de ternera 730
medio kilo *m* 732
medir 731
mejilla *f* 174
mejillones *mpl* 746
mejorana *f* 714
mejorar 980
melocotón *m* 873
melón *m* 735
membrillo *m* 721

menestra *f* de verdura 703
menta *f* 628
menú *m* 241
menú *m* (de) degustación 737
menú *m* del día 738
menú *m* turístico 739
menudillos *mpl* 756, 757
menudos *mpl* de ave 757
mercado *m* 740
mercado *m* semanal 522
merengue *m* 741
merienda *f* 1035
merlán *m* 128
merluza *f* 469, 742
mermelada *f* 590, 591
mermelada *f* de ciruelas 332
mero *m* 296
mesa *f* 743
mezclado 754
mezclar 755
miel *f* 733
mielga *f* 206
miga *f* 747
migaja *f* 747
mijo *m* 808
milamores *f* 60
mirtillo *m* 753
mitad *f* 744
mixto 754
moho *m* 761
molde *m* 547
molido 762
molinillo *m* de pimienta 758
mollejas *fpl* 764
molusco *m* 771
mondar 421, 683
montar 157
mora *f* 81
morcilla *f* 773
morilla *f* 315
morro *m* de buey 809
morro *m* de vaca 809
mostaza *f* 775
mousse *m* 494
mozo *m* 582
mucho 777
muelle 704, 763

Índice español

muergo *m* 781
muflón *m* 776
mújol *m* 1086
mulo *m* 199
muslo *m* 375

N

naba *f* 779
nabo *m* sueco 1007
naranja *f* 656
naranja *f* amarga 657
nata *f* 386
nata *f* agria 387
natillas *fpl* de vainilla 385
natural 780
necesario 782
necesitar 909
nectarina *f* 783
negro 920
nevera *f* 588
níspero *m* 784
no tratado 41
nocivo 785
normativa *f* 983
nuevo 648
nuez *f* 787
nuez *f* de coco 310
nuez *f* moscada 788

O

oblicuamente 425
oca *f* 581
oler (a) 294
oliva *f* 123
olor *m* 295
ordinario 336
orégano *m* 794
oreja *f* 795
origen *m* 922
ortiga *f* 1149
oscuro 477
ostra *f* 798
oveja *f* 801

P

pagar 807

pagro *m* 163
pajilla *f* 233
palillo *m* 811
palmito *m* 813
palo *m* santo 235
paloma *f* 892
paloma *f* silvestre 893
pan *m* 817
pan *m* de brioche 821
pan *m* de especias 184
pan *m* de molde 818
pan *m* de payés 823
pan *m* integral 820
pan *m* rallado 512
panceta *f* 146, 1131
panecillo *m* 824
panera *f* 281
panza *f* 195
papel *m* pergamino 825
papilla *f* 930
par *m* 828
pargo *m* colorado 829
parrilla *f* 612
parrillada *f* 300
parte *f* 830
partir 435
pasas *fpl* de Corinto 1154
pasta *f* 702
pasta *f* de almendras 723
pasta *f* de petisú 725
pasta *f* lionesa 725
pastas *fpl* 728
pastel *m* 181
pastel *m* a base de mantequilla 439
pasteles *mpl* 337
pasteles *mpl* de hojaldre 338
pasteles *mpl* finos 339
pasteles *mpl* hojaldrados 338
pastelito *m* de coco 309
pastinaca *f* 832
pastorizar 831
pata *f* 375, 863
patata *f* 151
patatas *fpl* asadas 156
patatas *fpl* fritas 155
patatas *fpl* hervidas 153

patatas *fpl* hervidas con su piel 154
patatas *fpl* salcochadas 153
patatas *fpl* salteadas 156
paté *m* 833
paté *m* de fuagrás 835
paté *m* de hígado 834
patito *m* 533
pato *m* 836
pato *m* salvaje 837
pato *m* silvestre 837
pava *f* 866
pavo *m* 865, 866
pechina *f* 1171
pecho *m* 842
pecho *m* de ternera 844
pechuga *f* 842
pedazo *m* 839
pedido *m* 840
pedir 841
pegar 616
pegarse 948
pelar 421, 683
pepinillo *m* en vinagre y especias 854
pepino *m* 853
pepino *m* dulce 736
pepita *f* 1048
pepitas *fpl* de calabaza 1049
pera *f* 855
perca *f* 856
perca *f* del Nilo 857
percha *f* 202
perder 858
perdiz *f* 859
perecedero 860
perejil *m* 1033
perfume *m* 862
perifollo *m* 275
pernil 863
perro *m* 850
pesado 867
pesar 868
pescado *m* 845
pescado *m* ahumado 847
pescador *m* 869
pescar 870
peso *m* 872

Índice español

petisú *m* 1068
pez *m* 845
pez *m* de San Pedro 1014
pez *m* espada 848
pez *m* mantequilla 83
physalis *m* 222
picadillo *m* 249
picante 875
picar 759, 876
pichón *m* 892
pie *m* de cerdo 838
piel *f* 852
piel *f* de limón confitada 260
pierna *f* 863, 864
pierna *f* de cerdo 647
pieza *f* 839, 1023
pimentero *m* 880
pimentón *m* 827
pimienta *f* 877
pimiento *m* 878
pimiento *m* morrón 879
pintada *f* 578
pintarroja *f* 206
pinzas *fpl* para caracoles 881
piña *f* 2
piñones *mpl* 882
pipa *f* 1048
pipas *fpl* de girasol 1050
piscolabis *m* 1035
pistacho *m* 884
pizca *f* 885
plano 965
plátano *m* 137
platija *f* 1063, 1064
platillo *m* 420, 883
plato *m* 904, 905, 1135
plato *m* de quesos surtidos 1084
plato *m* del día 906
plato *m* para niños 242
plato *m* principal 907
pleuroto *m* 316
pochar 467
poco 903
polio *m* 552
polla *f* cebada 887
pollo *m* asado 553
polvo *m* 886
pomelo *m* 1120

poner la mesa 898
por favor 897
porcelana *f* 900
portulaca *f* 160
postre *m* 1061
pote *m* 814
precio *m* 910
precio *m* global 911
preciso 502
precocinado 908
prensalimones *m* 492
preparado 925
preparar 914
probar 504
producción *f* 923
producto *m* 924
producto *m* lácteo 660
propina *f* 603
propio de la estación 495
protegido 926
proveedor *m* 548
proveer 549
pudín *m* 927
puerco *m* 901
puerro *m* 65
pularda *f* 887
pulmón *m* 928
pulpa *f* 888
pulpeta *f* 167
pulpo *m* 699, 891
puré *m* 930
puro 431, 932

Q

que se hace en casa 261
quebrar 939
queja *f* 974
quejarse 949, 975
quemarse 948
queso *m* 940
queso *m* de cabra 941
queso *m* de pasta dura 943
queso *m* derretido 945
queso *m* fresco 944
quisquilla *f* 223
quisquilla *f* gris 224
quitar 984
quitar la cáscara 421

R

rabanito *m* 954
rábano *m* 955
rábano *m* picante 961
rábano *m* picante a la crema 388
rábano *m* rusticano 961
rábano *m* rusticano a la crema 388
rabo *m* 956
rabo *m* de buey 957
ración *f* 899
racionar 436
raer 966
ragú *m* 958
raja *f* 515
rallar 962
ramo *m* 963
rancio 964
rape *m* 851
rascar 966
raspar 966
raya *f* 1108
raya *f* 959
rebanada *f* 515
rebozuelo *m* 231
recepción *f* 970
receta *f* 969
reclamación *f* 974
reclamar 975
recoger 319
recomendación *f* 976
recomendar 977
redondo 978
reemplazar 1078
refrescar 478, 989
refresco *m* 981
refrigerador *m* 588
refrigerio *m* 1035
regional 982
rellenar 972
relleno *m* 973
remolacha *f* 164, 779
repartir 434
repollo 985
repostería *f* 337
requesón *m* 946
requesón *m* con finas hierbas 947
resabio *m* 992
rescaza *f* del norte 232

Índice español

reserva *f* 987
reservar 521
reservar una mesa 988
resistente 861
restos *mpl* 991
reunir 329
revolver 745
riñón *m* 993
róbalo *m* 994
rocambola *f* 270
rodaballo *m* 913
rodaballo *m* 996
rodaja *f* 995
rodar 9
rodillo *m* 998
rojo 1169
rollo *m* 167, 998
romero *m* 55
romper 939
ron *m* 1005
rosbif *m* 1000
rúcola *f* 1002
ruibarbo *m* 1003
rústico 1006

S

sábalo *m* 1039
saber a 1103
sabor *m* 1008
sabroso 413, 1009
sacacorchos *m* 1011
sacar 984
sal *f* 1015
sala *f* 1023
salar 344, 1025
salazones *fpl* 250
salchicha *f* 1030
salchicha *f* asada 1032
salchichón *m* 1030
salchichón *m* crudo 1031
salero *m* 1024
salicor *m* 1026
salmón *m* 1027
salmonete *m* 1028
salsa *f* 216, 766
salsa *f* de adobo 718
salsa *f* de soja 768
salsa *f* de tomate 769
salsa *f* para ensalada 770

salsera *f* 765
salsifí *m* 476
salteado 1122
saludar 403, 968
salvado *m* 510
salvia *f* 1034
samarifla *m* 1119
sandía *f* 734
sangriento 710
sano 1037
santiaguín *m* 265
santiaguiño *m* 265
sardina *f* 1036
sartén *f* 557
saúco *m* 1010
savarín *m* al ron 1038
sazonar 1095
secar 1040
seco 1041
sed *f* 1042
según tamaño 1089
selección *f* 473, 1045
seleccionar 1046
semillas *fpl* de calabaza 1049
semillas *fpl* de girasol 1050
sémola *f* 1052
sencillo 1060
sepia *f* 699
serpol *m* 1119
servicio *m* 1053, 1093
servicio *m* incluido 1054
servicio *m* no incluido 1055
servicios *mpl* 1110
servilleta *f* 617
servir 1056
sésamo *m* 595
sesgadamente 425
sesos *mpl* 751
seta *f* 314, 317
setas *fpl* del bosque 318
sidra *f* 1058
silla *f* 208
sillín *m* para niños 114
sillón *m* 890
siluro *m* 1059
simple 1060
sin diluir 431
sin gas 587

sin gluten 600
sin lactosa 650
sin sal 1016
sin tratar 41
sobreprecio *m* 406
soja *f* germinada 194
solla *f* 1063
solomillo *m* 531, 691
solomillo *m* de vaca 1000
somelier *m* 1066
sopa *f* 1069
sopa *f* de bogavante 1071
sopa *f* de pescado 1072
sorbete *m* 1073
sorpresa *f* 1083
sótano *m* 28
soufflé *m* 1082
suave 119
sucedáneo *m* 1079
suculento 1009
suero *m* de leche 1074
suero *m* de manteca 676
suero *m* de mantequilla 676
suflé *m* 1082
suministrar 3
suplementario 30
suplemento *m* 406
surtido *m* 473, 1045
sustituir 1078

T

tajada *f* 144, 515
tallarín *m* 702
tamaño *m* 1088
tapas *fpl* 90
tapioca *f* 1013
tapón *m* 997
tarjeta *f* de crédito 256
tarta *f* 181, 1124
tarta *f* de crema 1125
tarta *f* de queso 292
tartaleta *f* 1126
tasa *f* 631, 1092
taza *f* 349
tazón *m* 1105, 1106
té *m* 283

Índice español

temperatura f 1096
temperatura ambiente 1098
temperatura f ambiente 1097
templado 774
tenedor m 583
termo m 585
ternera f 165, 248, 1179
terrina f 1104
tibio 774
tiburón m 1146
tiempo m de espera 1100
tierno 1101
tila f 285
tilapia f 1107
tirabeque m 464
tisana f 283
toalla f 1111
toalleta f 617
toallita f refrescante 1113
tocineta f 1131
tocino m 146, 1128
tocino m ahumado 1129
tocino m ventresco 146, 1131
todo está incluido en el precio 912
tofu m 1114
tofu m ahumado 1115
tomando como base 149
tomate m 1116
tomate m cereza 1117
tomillo m 1118
tonel m 147
torcer 1178
torta f 576
tortilla f francesa 793
tostado 477, 1122

tostar 613
total 1127
trabar 484
transparente 1134
trigo m 1136
trigo m duro 1137
trigo m sarraceno 1138
trigo m triturado 1051
trinchar 1139
tripas fpl 756, 1140
trocear 357
trocitos mpl de tocino 401
trozo m 839
trucha f 1142
trucha f arco iris 1144
trucha f salmonada 1143
trufa f 1141

U

un bocado 173
un puñado de 929
una sartenada 815
untuoso 485
uva f 1150
uva f pasa 1152, 1153

V

vaca f 1155
vacío 1161
vaina f 1156
vajilla f 695
valer 405
variado 1159
variar 1160
vario 427
vaso m 229
vegano 1164
vegetal 1163

vegetaliano 1164
vegetariano 1165
venado m 205
ventilación f 1167
verbena f 286
verde 1168
verdolaga f 160
verdura(s) f(pl) 627
verduras fpl crudas 398
verter 422, 1057
vidrio m 1170
vieira f 1171
viejo 1166
vinagre m 1172
vino m 1173
vino m de mesa 1174
vino m del país 1177
vino m espumoso 1176
viñador m 1181
vitrina f refrigerante 134
víveres mpl 66
viviente 1182
vivo 1182
volován m 1183
voltear 1178
volver 1178
vuelta y vuelta 710

Y

yema f 593
yogur m 640

Z

zanahoria f 271
zona f para fumadores 99
zumo m 1080

Deutsches Register

A

Aal *m* 453
Abendessen *n* 641
Abfall *m* 991
Abfüllung *f* 456
Abgabe *f* 1092
abhängen 729
abkühlen 479
absagen 228
abwechslungsreich 1159
Ackersalat *m* 60
Alge *f* 62
Alkohol *m* 54
alles im Preis inbegriffen 912
Alse *f* 1039
alt 1166
Amarant *m* 73
Amchur *n* 76
Ananas *f* 2
anbrennen 948
Anchovis *f* 82
Anken *m* 715
anmachen 1095
Anschnitt *m* 360
Aperitif *m* 89
Apfel *m* 700
Apfelkoch *m* 931
Apfelmus *n* 931
Apfelsine *f* 656
Apfelwein *m* 1058
Appetit *m* 91
Appetithäppchen *n* 90
appetitlich 92
Aprikose *f* 407
Aranzini *pl* 258
Aroma *n* 104
Artischocke *f* 52
Artischockenboden *m* 573
Aschanti(nuss) *f* 80
Aschenbecher *m* 302
Aspik *m* 110
Aubergine *f* 162
auf der Grundlage von 149
Auflauf *m* 1082
Aufpreis *m* 406
Aufschnitt *m* 559
aufwärmen 96
aus biologischem Anbau 796
ausgeglichen 459
ausgezeichnet 503
Auster *f* 798
Austernpilz *m* 316
Auswahl *f* 1045
auswählen 1046
Avocado *f* 1

B

backen 113
Bäckereien *fpl* 337
Backpflaume *f* 78
Backschinken *m* 916
Backwerk *n* 337
Baiser *n* 741
Bällchen *n* 179
Bambus *m* 136
Banane *f* 137
Barbe *f* 143
Bärenkrebs *m* 265
Bargeld *n* 433
Bärlauch *m* 64
Barriquewein *m* 1175
Barsch *m* 856, 994
Basilikum *n* 713
Bataviasalat *m* 59
Bauchspeck *m* 1131
Bauernbrot *n* 823
Baumnuss *f* 787
beanstanden *etw.* 975
Beanstandung *f* 974
Becher *m* 229
bedienen 1056
Bedienung *f* 1053
Bedienungsgeld *n* 1093
Bedienungsgeld *n* inbegriffen 1054
Bedienungsgeld *n* nicht inbegriffen 1055
Beefsteak *n* 166
Beere *f* 129
begleiten 18
begrüßen 403
behalten 343
Beilage *f* 16
Beinscheibe *f* 778
Beiried *n* 1000
Beize *f* 718
beizen 720
bekömmlich 430
beliefern 3
beraten *jmdn* 19
Beschwerde *f* 974
beschweren sich 949
Besteck *n* 1087
bestellen 841
Bestellung *f* 840
Bier *n* 277
billig 140
Binätsch *m* 488
biologisch 796
Birne *f* 855
Birnengeist *m* 48
Biskotte *f* 170
Bissen *m* 172
bitte 897
bitter 75
blanchieren 190
Blase *f* 178
Blatt *n* 543, 810
Blätterteig *m* 726
Blätterteiggebäck *n* 338
Blätterteigpastete *f* 1183
Blattspinat *m* 489
blau 124
Blaubeere *f* 753
Blaukraut *n* 986
Blauleng *m* 722
Blume *f* 198, 538
Blumenkohl *m* 371
blutig 710
Blutwurst *f* 773
Bohnen *fpl* 1158
Bohnen *fpl*/dicke 518
Bohnenkraut *n* 1043
Bonbon *m* 133
Bonito *m* 187
Borretsch *m* 188

Deutsches Register

Bouillon *f* 216
Brandteig *m* 725
Brasse *f* 191
Bratapfel *m* 701
braten 113
Braten *m* 111
Brathähnchen *n* 553
Bratkartoffeln *fpl* 156
Bratling *m* 625
Bratwurst *f* 1032
brauchen 909
Brauerei *f* 278
braun 442
brechen 939
Brei *m* 930
Brennnessel *f* 1149
Brezel *f* 921
Brezen *f* 921
Bries *n* 764
Brokkoli *mpl* 192
Brombeere *f* 81
Brot *n* 817
Brötchen *n* 824
Brotkorb *m* 281
Brühe *f* 216
Brunnenkresse *f* 37
Brust *f* 842
Buchweizen *m* 1138
Bücking *m* 102
Bückling *m* 102
Bukett *n* 198
Butter *f* 715
Buttergebäck *n* 439
Butterkeks *m* 169
Buttermakrele *f* 83
Buttermilch *f* 676

C

Chabis *m* 985
Champignon *m* 290
Chicorée *m* 451
Chinakohl *m* 11
Chriesi *f* 276
Chruut *n* 985
Chüngel *n* 312
Cocktailtomate *f* 1117
Creme *f* 382
Cremesuppe *f* 1070
cremig 389

D

dämpfen 379
danke 789
Dattel *f* 1090
dazugeben 31
Deka *n* 424
dekantieren 409
den Tisch decken 898
Dessert *n* 1061
Diät *f* 426
Dickmilch *f* 673
Dill *m* 452
Dinkel(weizen) *m* 483
Dorade *f* 441
Dornhai *m* 206
Dörrfleisch *n* 251
Dörrobst *n* 562
Dörrpflaume *f* 78
Dose *f* 659
Dosenöffner *m* 8
drehen 1178
Duft *m* 862
dunkel 477
dünn 534
durchsichtig 1134
durchwachsen 455
Durst *m* 1042
Dutzend *n* 444

E

Eglifisch *m* 856
Ei *n* 802
Eidotter *m* 593
Eierbecher *m* 902
Eierspeis *f* 805
Eigelb *n* 593
eine Hand voll 929
eine Pfanne voll 815
einen Mund voll 173
einen Tisch bestellen 988
einfach 1060
einfallsreich 390
einfrieren 340
eingießen 1057
einheimisch 982
Einkauf *m* 333
einkaufen 334
einschenken 1057
Eis *n* 1075
Eis(berg)salat *m* 58
Eisbecher *m* 1085
Eisbein *n* 447
Eisenkrauttee *m* 286
Eiskaffee *m* 630
Eiskübel *m* 135
Eiswürfel *m* 400
Eiweiß *n* 303
Empfang *m* 970
empfangen 968
empfehlen 977
Empfehlung *f* 976
Endivie *f* 472
Endiviensalat *m* 472
Endstück *n* 894
Engelwurz *f* 85
Ente *f* 836
Entenbrust *f* 843
Entenleber *f* 529
entfernen 984
entkorken 418
Erbsen *fpl* 465
Erdbeere *f* 772
Erdnuss *f* 80
Erfrischung *f* 981
Erfrischungstuch *n* 1113
erhitzen 96
Ersatz *m* 1079
ersetzen 1078
Erzeugnis *n* 924
essen 324
Essen *n* 325
Essig *m* 1172
Esskastanie *f* 263
Estragon *m* 498
Extrakt *m* 505

F

Fadennudeln *fpl* 56
Farbe *f* 350
Farbstoff *m* 352
Farce *f* 973
farcieren 972
Fasan *m* 508
faschieren 759
Faser *f* 526
faserig 527
Fass *n* 147
Feige *f* 530
fein 534

Deutsches Register

Feingebäck *n* 339
Feinkostsalat *m* 1021
Feinschmecker *m* 605
Felchen *m* 355
Feldhase *m* 664
Feldsalat *m* 60
Fenchel *m* 462
fertig 925
fest 535
fett 602
Fett *n* 601
fettarm 708
Fettgehalt *m* 1102
feucht 1148
Feuchtigkeit *f* 1147
Filet *n* 531
filetieren 358
filieren 358
Fingerschale *f* 662
Fisch *m* 845
fischen 870
Fischer *m* 869
Fischsud *m* 367
Fischsuppe *f* 1072
Fisole *f* 750
flach 965
Fladen *m* 576
flambieren 536
Flasche *f* 584
Flaschenöffner *m* 7
Fleisch *n* 243
Fleischbrühe *f* 345
Fleischheberl *n* 71
Fleischklößchen *n* 71
Flocke *f* 537
Flügel *m* 108
Flunder *f* 1064
flüssig 688
Fond *m* 217
Fondant *m* 546
Fondantmasse *f* 546
Forelle *f* 1142
Form *f* 547
Frikadelle *f* 71
Frikassee *n* 555
frisch 554
Frischkäse *m* 944
Frischling *m* 667
Frisée *f* 61
Fritten *pl* 155
frittieren 560
Froschschenkel *mpl* 376

Frucht *f* 568
Fruchteis *n* 1073
Fruchtfleisch *n* 888
fruchtig 563
Fruchtsafteis *n* 1073
Frühlingszwiebel *f* 270
Frühstück *n* 212
Fruktose *f* 570
füllen 972
Füllung *f* 973

G

Gabel *f* 583
Gämse *f* 227
Gang 904
Gans *f* 581
Gänseleberpastete *f* 835
ganz 638
gar 896
Garderobe *f* 291
gären 523
Garnele *f* 223
Gartenkresse *f* 38
Gasthof *m* 990
Gaststätte *f* 990
Gebäck *n* 337
Gedeck *n* 374
Geflügel *n* 120
gefüllter Windbeutel *m* 1068
gekörnt 608
gelb 74
Gelee *n* 110, 589
gelieren 592
gemahlen 762
gemischt 754
Gemüse *n* 627
Gemüsebrühe *f* 219
Gemüsezwiebel *f* 268
genau 502
geräuchert 410
Gericht *n* 904
gerinnen 308
Germ *m(f)* 524
geröstet 1122
Gerste *f* 282
Gerstel *n* 282
Geruch *m* 295
Geschäftsessen *n* 69
Geschirr *n* 695

Geschmack *m* 1008
Geschmacksverstärker *m* 967
Geschnetzeltes *n* 874
geschützt 926
gesund 1037
Getränk *n* 159
Getreide *n* 274
Gewicht *n* 872
gewöhnlich 336
Gewürz *n* 1099
Gewürzgurke *f* 854
Gewürznelke *f* 381
gießen 422
Glas *n* 1170
glasieren 598
Glasur *f* 599
glatt 689
Glattbutt *m* 996
glutenfrei 600
Goldbarsch *m* 232
Goldbrasse *f* 441
Goldbutt *m* 1063
Grammel *f* 1123
Granatapfel *m* 999
Grapefruit *f* 1120
Gräte *f* 490
gratinieren 611
grau 301
Grenadierfisch *m* 606
Griebe *f* 1123
Grieß *m* 1052
Grill *m* 612
Grillgericht *n* 300
Grillplatte *f* 300
grob 615
Größe *f* 1088
grün 1168
Grundlage *f* 148
Grünkohl *m* 368
Grütze *f* 749
Gulasch *n(m)* 620
Gurke *f* 853

H

Hachse *f* 644
Hackbraten *m* 183
Hackfleisch *n* 249
Hafer *m* 117
Hahn *m* 580
Hähnchen *n* 552

Deutsches Register

Haifisch m 1146
Haifischflossen fpl 142
Hälfte f 744
Hals m 871
haltbar 861
Hammel m 252
Hammelfleisch n 245
Hand f 716
Handtuch n 1111
hart 443
Hartkäse m 943
Hartweizen m 1137
Hase m 664
Haselnuss f 118
Hauptgang m 907
Hauptgericht n 907
hausgebeizt 719
hausgernacht 261
Hauskaninchen n 312
Hausmannskost f 326
Haut abziehen 1109
Haut f 852
Hecht m 697
Hechtbarsch m 698
Hechtdorsch m 742
Hefe f 524
Hefebrot n 821
Heidelbeere f 753
Heilbutt m 624
heiß 951
heiss machen 96
helfen 51
herb 13
Hering m 101
Herkunft f 922
Herstellung f 923
Herz n 351
Herzmuschel f 161
Hilfe f 50
Himbeere f 551
Himbeergeist m 47
Hirn n 751
Hirsch m 279
Hirschkalb n 1180
Hirse f 808
Hitze f 220
H-Milch f 675
höflich 361
Höflichkeit f 362
Hoki m 607
Holder m 1010
Holunder m 1010
Honig m 733

Hörnchen n 393
Hornhecht m 846
Hüfte f 933
Huhn n 577
Hühnerbrühe f 218
Hühnerjunges n 757
Hühnerklein n 757
Hülsenfrüchte fpl 665
Hummer m 661
Hummersuppe f 1071
Hunger m 545

I

im Ring 404
im Teigmantel 457
Imbiss m 1035
in Scheiben schneiden 516
Ingwer m 594
Innereien fpl 756

J

Jahreszeit f 496
Jahrgang m 1012
Jakobsmuschel f 1171
Jause f 1035
Joghurt m 640
jung 648
Jungente f 533
Jungrind n 165
Jungschwein n 666

K

Kabeljau m 125
Kaffee m 210
Kaffeekanne f 197
Kaffeelöffel m 321
Kaffeemaschine f 214
Kaisergranat m 652
Kakao m 207
Kaki(frucht) f 235
Kalb n 1179
Kalbfleisch n 248
Kalbsbrust f 844
Kalbskeule f 864
Kalbskopf m 201
Kalbsmedaillon n 730

Kalbsnierenbraten m 693
Kaldaunen fpl 1140
Kalmar m 699
kalt 558
kalt stellen 989
Kamille f 226
Kamin m 288
kandileren 391
Kandiszucker m 21
Kanditen pl 565
Kaninchenfrikassee n 556
Kapaun m 234
Kapern fpl 53
Karaffe f 643
Karamell n 237
Karbonade f 365
Karfiol m 371
Karotte f 271
Karpfen m 254
Kartoffel f 151
Kartoffelkroketten fpl 395
Käse m 940
Käsekuchen m 292
Käseplatte f 1084
Kastanie f 263
Katzenhai m 206
kaufen 334
Kaviar m 266
Keim m 596
Keimling m 596
Keks m 177
Keller m 28
Kellner m 582
Kerbel m 275
Kern m 1048
Keule f 375, 863
Kichererbsen fpl 610
Kido f 721
Kindersitz m 114
Kinderteller m 242
Kipferl n 393
Kirsche f 276
Kirschtomate f 1117
Kirschwasser n 953
Kissen n 70
klar 304
kleben 616
Kleiderbügel m 202
Kleie f 510

Deutsches Register

Klementine f 305
Kliesche f 1065
Klimaanlage f 98
Klimaschrank m 29
Klinge f 653
Klops m 180
Kloß m 180
Knoblauch m 63
Knochen m 797
Knödel m 180
Knollensellerie m 49
Knorpel m 257
Knurrhahn m 849
knusprig 392
Koch m 380
kochen 378, 525
Kochschinken m 917
koffeinfrei 419
koffeinfreier Kaffee m 213
Kohl m 985
Köhler m 469
Kohlfisch m 469
Kohlrabi m 373
Kohlrübe f 1007
Kokosmakrone f 309
Kokosnuss f 310
Kompott n 331
Kondensmilch f 669
Konditoreiware f 337
Konfitüre f 590
Konservierungsmittel n 342
Kopf m 200
Kopfsalat m 57
Korb m 280
Koriander m 313
Korinthen fpl 1154
Korken m 997
Korkenzieher m 1011
Korn n 609
körnig 608
koscher 649
kosten 405
köstlich 413
Kotelett n 299
Krabbe f 224
Kraftbrühe f 345
Krake f 891
Kranz m 1001
Krapfen m 1067
Kraut n 460
Kräuterquark m 947

Krebs m 238
Kreditkarte f 256
Krem f 382
Kren m 961
Kresse f 39
Kreuzkümmel m 327
Kristallzucker m 22
Krokant m 440
Krokette f 394
Krug m 645
Krümel m 747
Küche f 377
Kuchen m 181
Kuchenboden m 574
Kugel f 176
Kuh f 1155
kühl 554
kühlen 478
Kühlschrank m 588
Kühltasche f 185
Kühltheke f 134
Kukuruz m 748
Kunde m 306
Kundschaft f 307
künstlich 107
Kürbis m 5
Kürbiskerne mpl 1049
Kutteln fpl 1140

L

Lachs m 1027
Lachsforelle f 1143
Laib m 822
laktosefrei 650
Lamm m 353
Lamprette f 655
Landgasthaus n 629
ländlich 1006
Landwein m 1177
lang 335
Languste f 651
Langustine f 652
Lauch m 65
Lauchzwiebel f 270
lauwarm 774
Lavendel m 662
lebend 1182
lebendig 1182
Lebensmittel npl 66
Leber f 528
Leberpastete f 834

Lebkuchen m 184
leer 1161
legieren 484
leicht 507
Lendenbraten m 691
Lendenstück n 691
Liebstöckel n(m) 678
Lieferant m 548
liefern 549
Likör m 679
Limette f 680
Limone f 681
Lindenblütentee m 285
Linsen fpl 677
Lippfisch m 175
Liter m 690
locker 540
Löffel m 320
Löffelbiskuit n 170
Longan(frucht) f 694
Lorbeer m 696
Löwenzahn m 415
Luft f 97
lüften 35
Lüftung f 1167
Lunge f 928

M

Magen m 497
mager 708
Magermilch f 671
Mahlzeit f 979
Maifisch m 1039
Mais m 748
Majoran m 714
Makrele f 264
makrobiotisch 705
Malz n 711
Mandarine f 1091
Mandelcreme f 384
Mandeln fpl 79
Mango(frucht) f 712
Mangold m 12
Marille f 407
Marinade f 718
marinieren 720
Markt m 740
Marmelade f 590, 591
Marone f 263
Marzipan n 723
Masthuhn n 887

Deutsches Register

Matjeshering *m* 103
Maultier *n* 199
Meer *n* 717
Meeraal *m* 341
Meeräsche *f* 1086
Meeresfrüchte *fpl* 569
Meereskrebs *m* 238
Meerkohl *m* 372
Meermandel *f* 1171
Meerrettich *m* 961
Mehl *n* 511
mehlig 514
Mehrwertsteuer 632
Melanzane *f(pl)* 162
Melde *f* 461
Melone *f* 735
Menge *f* 935
Meringe *f* 741
messen 731
Messer *n* 506
Messerscheide *f* 781
Miesmuscheln *fpl* 746
Milch *f* 668
Milchiprodukt *n* 660
Milchipulver *n* 672
Milchkaffee *m* 211
Milchlamm *n* 354
Milchreis *m* 106
mild 1077
Milz *f* 127
Minze *f* 628
Mirabelle *f* 752
mischen 755
Mischgemüse *n* 703
Mispel *f* 784
mit Beilage 17
mit Jahrgangsangabe 633
mit Kohlensäure 586
Mittagessen *n* 68
Mohn *m* 826
Möhre *f* 271
Mohrrübe *f* 271
Molke *f* 1074
Morchel *f* 315
Muffelwild *n* 776
Mufflon *n* 776
Mund *m* 171
mürb 704
Mürbeteig *m* 727
Muskatnuss *f* 788
MwSt. 632

N

nach Größe 1089
Nachgeschmack *m* 992
Nachspeise *f* 1061
Nachtisch *m* 1061
Nahrungsmittelunverträglichkeit *f* 639
natürlich 780
Nektarine *f* 783
Nelke *f* 381
Nichtraucherbereich *m* 100
Niere *f* 993
notieren 88
nötig 782
notwendig 782
Nudel *f* 702
Nuss *f* 787
Nussknacker *m* 938
Nüsslisalat *m* 60

O

obergärig 72
Oberkellner *m* 709
Obers *n* 386
Oberskren *m* 388
Obst *n* 561
Obstsalat *m* 1020
Ochsengaumen *m* 809
Ochsenmaul *n* 809
Ochsenschlepp *m* 957
Ochsenschwanz *m* 957
Öffnungszeiten *fpl* 626
ohne Kohlensäure 587
Ohr *n* 795
ökologisch 445
Öl *n* 790
ölig 792
Olive *f* 123
Omelett *n* 793
Omelette *f* 793
Orange *f* 656
Orangeat *n* 258
Oregano *m* 794
Oueller *m* 1026

P

Paar *n* 828

Palmenherz *n* 813
Pampelmuse *f* 1120
panieren 450
Paniermehl *n* 512
Pansen *m* 195
Paprika *m* 827
Paprikaschote *f* 879
Paradeis(er) *m* 1116
Pasternak *m* 832
Pastete *f* 833, 1183
pasteurisieren 831
Pastinake *f* 832
pauschal 1127
Pauschalpreis *m* 911
Pellkartoffeln *fpl* 154
Pepino *f* 736
Pergamentpapier *n* 825
Perlhuhn *n* 578
Perlzwiebel *f* 270
Petersfisch *m* 1014
Petersilie *f* 1033
Pfanne *f* 557
Pfannkuchen *m* 816
Pfeffer *m* 877
Pfefferminze *f* 628
Pfefferminztee *m* 284
Pfeffermühle *f* 758
pfeffern 93
Pfefferschote *f* 878
Pfefferstreuer *m* 880
Pfifferling *m* 231
Pfirsich *m* 873
pflanzlich 1163
Pflaume *f* 77
pflücken 319
Pfund *n* 732
Physalis *f* 222
Physaliskirsche *f* 222
pikant 875
Pilz *m* 314
Pinienkerne *mpl* 882
Pistazie *f* 884
Platte *f* 1135
Plätzchen *n* 168
Plötze *f* 209
pochieren 467
Pökelfleisch *n* 250
pökeln 344
Pollack *m* 470
Pomeranze *f* 657
Pommes *pl* 155
Pommes frites *pl* 155
Porree *m* 65

Deutsches Register

Portion f 899
portionieren 436
Portulak m 160
Porzellan n 900
Poularde f 887
Powidl m 332
Praline f 186
Preis m 910
Preiselbeere f 806
preiswert 348
pressen 493
Prise f 885
Probiermenü n 737
Pudding m 927
Puderzucker m 25
Pulver n 886
Punschring m 1038
Püree n 930
pürieren 520
Pute f 866
putzen 683

Q

Qualität f 934
Quark 946
Quendel m 1119
Quitte f 721

R

Radieschen n 954
Raffinade f 27
Ragout n 958
Rahm m 386
Rand m 189
ranzig 964
Raps m 323
raspeln 962
Rauch m 571
rauchen 572
Raucherbereich m 99
Räucherfisch m 847
räuchern 411
Räucherschinken m 919
Räucherspeck m 1129
Räuchertofu m 1115
Rauchmelder m 423
Rauke f 1002
Raum m 1023

Raumtemperatur f 1097
Rebhuhn n 859
Rebsorte f 273
Rechnung f 786
Regenbogenforelle f 1144
Reh n 1162
Rehfleisch n 247
reif 707
Reife f 706
rein 932
Reineclaude f 960
reinigen 683
Reinigung f 684
Reis m 105
Reisbrei m 106
Renke f 356
reservieren 521
Reservierung f 987
Rettich m 955
Rezept n 969
Rhabarber m 1003
Ribisel n 614
riechen 294
Riegel m 145
Riesengarnele f 225
Rind m 575
Rinde f 396
Rinderbraten m 244
Rinderlende f 692
Rinderschmorbraten m 619
Rindfleisch n 246
Ring m 84
Ringeltaube f 893
Ringlotte f 960
Rippe f 364
Rochen m 959
Rochenflosse f 141
Rogen m 800
Roggen m 272
roh 397
Rohkost f 398
Röhrisalat m 1019
Rohrzucker m 24
Rohschinken m 918
Rohwurst f 1031
Rokambole f 270
Rollbraten m 112
Rolle f 998
rollen 9
Rosenkohl m 370

Rosine f 1152
Rosmarin m 55
rösten 613
rot 1169
Rotbarbe f 1028
Rotbarsch m 232
Rotbrassen m 163
Rote Bete f 164
rote Johannisbeere f 614
Rote Rübe f 164
Rotkohl m 986
Roulade f 167
Rübe f 779
Rücken m 363
Rückenspeck m 1132
Ruebkohl m 373
Ruebli n 271
Ruhetag m 542
Rührei n 805
rühren 745
Rum m 1005
rund 978
rundes Scheibchen n 995

S

Safran m 10
Saft m 1080
saftig 1081
Sago m 1013
Sahne f 386
Sahnetorte f 1125
sahnig 389
Saibling m 1145
Salat m 1018
Salatbüffet n 196
Salatschüssel f 1022
Salatsoße f 770
Salbei m 1034
Salm m 1027
Salz n 1015
salzen 1025
salzios 1016
Salzkartoffeln fpl 153
Salzstreuer m 1024
sämig 485
samtig 119
Sanddorn m 491
Sandkuchen m 182
Sardelle f 82

Deutsches Register

Sardine f 1036
Sattel m 937
sauber 685
Saubohne f 517
sauer 14
sauer werden 122
Sauerampfer m 121
Sauerkirsche f 597
Sauerkraut n 298
säuerlich 15
Sauermilch f 673
schaben 966
schädlich 785
Schaf n 801
Schale f 1105
schälen 421
Schalentier n 771
Schalotte f 287
Schalottenzwiebel f 287
scharf 36, 875
schätzen 94
Schaum m 494
schäumen 519
Schaumwein m 1176
Scheibchen n 654
Scheibe f 515
Schellfisch m 623
Schenkel m 375
Schicht f 221
Schiffchen f 144
Schimmel m 761
Schimmelkäse m 942
schimmeln 760
Schinken m 915
Schinkenspeck m 1130
schlachten 4
schlagen 157
Schlagobers n 383
Schlagsahne f 383
schlecht 1004
schmackhaft 1009
Schmalz n 139
Schmand m 387
Schmant m 387
schmecken v nach 1103
schmelzen 417
Schmelzkäse m 945
schmoren 499
Schnapper(fisch) m 829
Schnaps m 45
Schnecke f 471

Schneckenzange f 881
Schneide f 622
schneiden 357
Schnepfe f 579
schnetzeln 359
Schnittlauch m 269
Schnitzel n 468
Schokolade f 297
Scholle f 1063
Schote f 1156
schräg 425
Schrot m 1051
Schulter f 810
Schüssel f 1106
Schwanz m 956
Schwarte f 366
schwarz 920
schwarze Johannisbeere f 262
Schwarzwurzel f 476
Schwein n 901
Schweinebauch m 146
Schweinefilet n 532
Schweinehachse f 647
Schweinerüssel m 539
Schweinsfuß m 838
schwer 867
Schwertfisch m 848
Seeaal m 341
Seebarsch m 994
Seehecht m 742
Seeigel m 799
Seelachs m 469
Seespinne f 239
Seeteufel m 851
Seezunge f 687
Sekt m 1044
Sektkühler m 289
Selbstbedienung f 1047
selchen 411
Sellerie m 1029
Senf m 775
servieren 1056
Serviette f 617
Sesam m 595
Sessel m 890
sieden 525
Silberzwiebel f 270
Sirup m 215
Softeis n 1076
Soja(bohnen)sprossen fpl 194

Sojabohnen fpl 1062
Sojamilch f 670
Sojasoße f 768
Sommelier m 1066
Sonnenblumenkerne mpl 1050
Sonnenblumenöl n 791
Sorbet(t) m(n) 1073
sorgfältig 402
Soße f 766
Soßenschüssel f 765
Spanferkel n 666
Spargel m 109
Spargelspitzen fpl 895
Speck m 1128
Speckmöckli npl 401
Speckwürfel mpl 401
Speise f 904
Speisekarte f 241
Spelsesaal m 1017
Spezialität f 482
spicken 658
Spiegelei n 803
Spieß m 487
Spießchen n 486
Spinat m 488
Sprosse f 193
Sprossenkohl m 370
Sprosserl n 370
Sprotte f 480
Sprudel m 43
sprudelig 446
Sprudelwasser n 43
Stäbchen n 150
Stachelbeere f 1151
Stangenbrot n 131
Stangensellerie m 1029
Staudensellerie m 1029
Steckrübe f 1007
Steinbeißer m 850
Steinbutt m 913
Steinpilz m 317
Sternanis m 87
Sternfrucht f 236
Steuer f 631
Stint m 458
Stockfisch m 126
Stopfleber f 541
Stör m 500
Strandkrabbe f 240
Strauß m 963

Deutsches Register

Streichholz *n* 812
Streifen *m* 1108
streuen 481
Striezel *m* 1133
Strohhalm *m* 233
Stück *n* 839
Stuhl *m* 208
Sud *m* 216
Sultanine *f* 1153
Sülze *f* 110
Suppe *f* 1069
Surhachse *f* 447
Surhaxe *f* 447
süß 437
Süßigkeit *f* 621
Süßkartoffel *f* 152
süßsauer 40
Süßspeise *f* 438
Süßstoff *m* 33
Suurchabis *m* 298

T

Tablett *n* 138
Tagesgericht *n* 906
Tageskarte *f* 738
Tagesmenü *n* 738
Tasse *f* 349
Taube *f* 892
T-Bone-Steak *n* 1094
Tee *m* 283
Teelöffel *m* 322
Teig *m* 724
Teigwaren *fpl* 728
Teil *m* 830
teilen 435
Teller *m* 905
Tellerwärmer *m* 95
Temperatur *f* 1096
temperiert 1098
Terrine *f* 1104
teuer 253
Thermoskanne® *f* 585
Thunfisch *m* 115
Thymian *m* 1118
tiefgefrieren 340
Tier *n* 86
Tilapia *m* 1107
Tintenfisch *m* 699
Tisch *m* 743
Tischdecke *f* 1112
Tischwein *m* 1174

Toastbrot *n* 818
Tofu *m* 1114
Toilette(*n*) *f(pl)* 1110
Tomate *f* 1116
Tomatenmark *n* 889
Tomatensoße *f* 769
Topf *m* 814
Topfen *m* 946
Törtchen *n* 1126
Torte *f* 1124
Tortenbiskuit *n* 819
Touristenmenü *n* 739
tranchieren *v* 1139
Traube *f* 1150
trinken 158
Trinkgeld *n* 603
trocken 1041
Trockenerbsen *fpl* 466
Trockenfrüchte *fpl* 566
trocknen 1040
Tropfen *m* 604
Trüffel *f* 1141
Truthahn *m* 865

U

überbacken 611
überkrusten 611
Überraschung *f* 1083
umdrehen 1178
umrühren 745
unerläßlich 635
ungespritzt 41
untergärig 132
Untersatz *m* 420
Untertasse *f* 883
unverdaulich 634
unverdünnt 431
unzerbrechlich 637

V

Vanillecreme *f* 385
Vanillezucker *m* 23
variieren 1160
vegan 1164
Veganer *m* 1164
Vegetarier *m* 1165
vegetarisch 1165
Venusmuschel *f* 1184
Verbrauch *m* 347

verbrauchen 346
verdauen 428
verdaulich 429
verderblich 860
verdünnen 432
verdunsten 501
veredeln 980
Verfallsdatum *n* 408
verfeinern 980
vergleichen 328
verlieren 858
verpacken 448
verschieden 427
verschütten 416
versuchen 504
verteilen 434
Verzehr *m* 347
verzehren 346
viel 777
Viertel *n* 936
Viktoria(see)barsch *m* 857
Vogel *m* 116
Vogerlsalat *m* 60
voll 293
Vollkornbrot *n* 820
Vollkornmehl *n* 513
Vollmilch *f* 674
von der Jahreszeit abhängig 495
vorbereiten 914
vorgebacken 908
vorgelkocht 908
Vorschrift *f* 983
Vorspeise *f* 454
vorzüglich 413

W

Wacholderbeere *f* 130
Wachsbohne *f* 1157
Wachtel *f* 311
Waffel *f* 1185
Wahl *f* 473
Wahl/nach 474
wählen 475
Waldfrüchte *fpl* 567
Waldpilze *mpl* 318
Wammerl *n* 146
Wange *f* 174
warm 950
Warmhalteplatte *f* 971

Deutsches Register

warten 44
Wartezeit f 1100
waschen 663
Wasser n 42
Wassermelone f 734
wegnehmen 984
weich 763
weiches Ei n 804
Wein m 1173
Weinblätter npl 544
Weinkarte f 255
Weinprobe f 412
Weintraube f 1150
weiße Buttersoße f 767
Weißkohl m 985
Weizen m 1136
Wels m 1059
wenig 903
wiegen 868
Wild n 205
Wildbret n 205
Wildente f 837
Wildkräuter npl 463
Wildpfeffer m 618
Wildragout n 618
Wildschwein n 646
Winzer m 1181

Wirsing m 369
Wirz m 369
Wittling m 128
Wochenmarkt m 522
Wolfsbarsch m 994
Wrackbarsch m 296
wünschen 952
Würfel m 399
Würfelzucker m 26
Wurst f 1030
Wurstwaren fpl 449
würzen 1095

Z

zäh 443
zahlen 807
Zahnbrassen m 414
Zahnstocher m 811
Zander m 698
zart 1101
Zeller m 1029
zerbrechlich 550
zerkleinern 876
Ziege f 203
Ziegenkäse m 941
Ziegenkitz n 204

Zieger m 946
Zimt m 230
Zitronat m 260
Zitrone f 682
Zitronenpresse f 492
Zitronenschale f 259
Zitrusfrüchte fpl 564
zu Abend essen 642
zu Mittag essen 67
zubereiten 914
Zucchini f 6
Zucchino m 6
Zucker m 20
zuckern 34
Zuckerschote f 464
Zunge f 686
Zusammensetzung f 330
zusammenstellen 329
zusätzlich 30
Zusatzstoff m 32
Zutaten fpl 636
Zwergdorsch m 509
Zwetsch(g)e f 77
Zwetschgenwasser n 46
Zwieback m 1121
Zwiebel f 267